Para (
y Shirley
Les Amamos que
Dios les de Paz
y que este libro
Traiga Sanidad

José Ahorche

Sexo
e intimidad
en el
Matrimonio

Lo que la Biblia enseña con respecto al Sexo

A menos que se indique lo contrario, todas las citas Bíblicas han sido tomadas de la Versión Reina Valera (VRV) de la *Santa Biblia*. Anotaciones bíblicas marcadas como (NVRV) han sido tomadas de : *La Nueva Versión Reina Valera*.

Diseño de la Cubierta y edición de texto:
FicmiProductions Media Center
Free in Christ Ministries Intl. Inc.
www.ficmiproductions.com

Publicado en Beaverton, Oregon, por GOOD CATCH PUBLISHING
www.goodcatchpublishing.com

ISBN: 978-0-9824981-7-0

Printed in the United States of America

Dedicamos este libro
a todas los matrimonios,
sin importar cuantos años tengan de estar juntos.
A todos los esposos y esposas
que desean llevar una vida matrimonial
sana y productiva.

A todos aquellos adultos solteros
que desean conformar un matrimonio feliz,
sano y duradero,
basado en principios bíblicos prácticos
que sustentarán su vida conyugal
de una manera efectiva.

Índice

Introducción

Hoy en día el tema del momento es el tema del sexo. Estamos constantemente bombardeados por todos los medios de comunicación de una manera explicita y ya casi repugnante.

Se ha desvalorizado mucho el verdadero significado e importancia del sexo en la pareja. Por eso ya es hora de presentar alternativas basadas en la Palabra de Dios. La Biblia tiene mucho que enseñarnos con respecto al sexo y el matrimonio. Y de lo primero que vamos a partir es del hecho que la Palabra de Dios nos amonesta a tener un matrimonio sano y para toda la vida.

El sexo es la expresión máxima del amor que existe entre un hombre y una mujer. Pero la iglesia no ha tomado un papel activo con respecto a este tema. Y lamentablemente no se puede tapar el sol con un dedo. Un matrimonio sin sexo sano, no producirá una pareja sana.

Hemos ministrado y aconsejado a muchísimas parejas durante estos veinte años de matrimonio y ministerio y hemos descubierto que existen tres áreas en la vida de la pareja que merecen una considerable atención e importancia, de lo contrario surgirán conflictos fuertes que les impedirán desarrollar su relación al máximo. Estas tres áreas son: El área sexual, el área emocional y el área financiera. Por esa razón decidimos escribir este libro, con énfasis en el área sexual.

Durante años, este tema ha sido un tabú, y lo que ha traído es el legalismo, la condenación y falta de conocimiento dentro del Pueblo de Dios. En algunas denominaciones es hasta pecado hablar de ello. Y sinceramente lo que es pecado es NO HABLAR de los problemas que un matrimonio enfrenta cuando desconoce e ignora la voluntad divina con respecto a su relación íntima.

Hay una enseñanza errónea con respecto al sexo en el matrimonio que dice que el sexo es solamente con el propósito de procrear hijos y que cualquier otro uso es pecaminoso y fuera de la voluntad de Dios. Y eso no es lo que la Biblia nos enseña. La Biblia tiene enseñanza sólida con respecto a este tema. Tanto en el Antiguo como en el Nuevo testamento, encontramos instrucción concerniente al sexo. En el libro del Cantar de los Cantares, los proverbios, La primera epístola a Corintios, por ejemplo denotan que es el propósito de Dios que enseñemos a la iglesia con respecto a este tema.

La intimidad fue creada por Dios desde el jardín del Edén. No distorsionemos su significado.

El mundo propaga ciertas ideas que la gente acepta como si fueran leyes universales cuando en realidad una vez expuestas a la luz bíblica son solo mitos. Más adelante hablaremos de estos mitos y de cómo han influenciado negativamente a la iglesia de Dios.

Capítulo Uno

El sexo en la Biblia

Definición de sexo
Propósito del sexo
Diferencia entre sexo e intimidad

El Sexo en la Biblia

La palabra sexo no aparece en la Biblia. Sin embargo, leyendo el contexto de varios capítulos y libros, está claro de que sí se habla de este tema.

La primera vez que se hace referencia al sexo en la palabra de Dios, es en el libro de Génesis capítulo 2 y verso 24. "dejará el hombre a su padre y a su madre y se unirá a su mujer y ambos serán una sola carne". Desde el principio, el plan de Dios para el hombre fue que se uniera a su propia mujer y fueran una sola carne.

Existe un mito que dice que el pecado que cometieron Adán y Eva fue un pecado sexual. De ninguna manera esto está en la Biblia. Es bien claro que el pecado de ambos fue la desobediencia. Dios había dicho "del árbol del bien y del mal NO comeréis". Esta fue una orden muy clara. Dios no les prohibió unirse y ser una sola carne. Dios les prohibió comer del árbol del bien y del mal.

Desde el principio Dios creo todo para que diera fruto. Cada cosa que Dios hizo tiene el propósito de multiplicarse. Por eso cuando el vio que Adán estaba solo, le hizo una ayuda idónea. Había algo que Adán no podía realizar estando solo; ese algo era: fructificar. Por eso Dios no hizo otro Adán (ish), sino una Eva (isha). Una mujer que fuera ayuda idónea, es decir, un complemento para llevar a cabo una misión: multiplicarse.

Desde el principio, Dios tuvo en mente una compañera sexual para el hombre, no otro compañero. La mujer fue creada porque el hombre estaba solo en la tarea de llenar la tierra. Estaba solo emocionalmente, y físicamente. Sin embargo, el hombre no se sentía solo. Adán no vino a Dios pidiéndole compañía. Fue Dios quien reconoció la soledad de Adán.

Por esa razón, poniéndolo a dormir, sacó una de sus costillas y formó a la mujer directamente de la carne y los huesos de Adán. Tanto en el hebreo como en español, este sustantivo es femenino. Dios sacó la parte femenina del hombre y formó a una mujer. Es interesante como los órganos vitales tienen nombres masculinos: el corazón, el estómago, el pulmón, el riñón, el hígado, el páncreas, el pecho. En la zona pectoral, el único objeto femenino es la costilla.

Siempre le enseñamos a los jóvenes solteros, que a veces se desesperan por buscar una compañera y llenar su vacio con una mujer, que lo mejor es esperar a que Dios sea quien propicie ese encuentro. Dios sabe cuando el hombre está realmente solo y necesita una ayuda idónea. El noviazgo ni el matrimonio curan la soledad. Si tu estás soltero y te sientes solo, infeliz e incompleto, te sentirás de la misma manera aun estando casado.

Si eres infeliz, harás a alguien más infeliz. Pero si te sientes completo, entonces Dios proveerá ayuda idónea para ti. El matrimonio no te completa, solo Cristo completa al ser humano. El matrimonio te complementa.

La relación sexual en el matrimonio provee satisfacción y placer. Es la máxima expresión de amor en la pareja y produce alegría, ternura y gratitud. El sexo debe ser disfrutado por ambos cónyuges y de mutuo consentimiento, es decir, voluntario y no forzado ni obligatorio. Dios creo el sexo con el propósito de que la pareja aprendiera a tener intimidad.

En el jardín del Edén, Adán y Eva disfrutaban de su compañía y proximidad. También hay algo importante mencionado en la Biblia con respecto a la primera pareja que Dios creo. Ambos estaban desnudos y no se avergonzaban. La palabra que aparece en el original Hebreo y que fue traducida como "avergonzar", quiere decir en realidad: "sin desilusión". En otras palabras, Adán no se avergonzaba ni sentía desilusión del cuerpo de Eva ni Eva sentía decepción ni desencanto con respecto al cuerpo de Adán. No fue sino hasta después de la caída que ambos sintieron desilusión con respecto a ellos mismos para con Dios. Pero en el principio no era así.

El sexo en la Biblia

Génesis 2:24 utiliza el verbo "unir" que significa: adherirse a, unirse, estar cerca de, como un sinónimo de intimidad sexual. Es la primera vez que se menciona el sexo en la Biblia.

Tanto en el Antiguo como en el Nuevo testamento, encontramos instrucción con respecto al sexo.

En el libro del Cantar de los Cantares, los proverbios, La primera epístola a Corintios, por ejemplo denotan que es el propósito de Dios que enseñemos a la iglesia con respecto al sexo.

La Biblia también utiliza el verbo "conocer" para referirse a las relaciones sexuales. *"Conoció de nuevo Adán a su mujer, la cual dio a luz un hijo, y llamó su nombre Set" Gen 4:25.* En el Griego del Nuevo testamento, se utiliza el verbo γινώσκω (guinosko) como un idiomismo judío para referirse al acto sexual entre un hombre y una mujer.

La palabra sexo en el griego es φῦλον fiulon. Y no aparece como tal en el Nuevo Testamento. Sin embargo aparece la palabra κοίτη koite que significa cohabitar sexualmente y tener relaciones sexuales. De allí se deriva la palabra española: coito. Aparece en el pasaje de Hebreos 13:4. El Nuevo Testamento utiliza una palabra específica para referirse a las relaciones sexuales. Esa palabra es JRESIS y aparece en el libro de Romanos, como lo veremos más adelante en este libro.

ALEF es la primera letra del alfabeto hebreo y también la primera letra en el Torah. Muchos sugieren que esta letra parece la cabeza de un buey. El buey indica: ARAR. Es la penetración del arado (varón) a la tierra (mujer). Es el acto matrimonial.

Sexo en el Nuevo Testamento

El nuevo Testamento aborda este tema de manera clara, con el propósito de guiar a los creyentes con respecto a su vida intima dentro del contexto del matrimonio.

Tal y como el apóstol Pablo lo explica, el sexo en el matrimonio es necesario para poder evitar la "fornicación", debido a los fuertes deseos de la naturaleza humana.

Pablo dice que para evitar la fornicación, cada hombre debe tener su propia esposa, y cada mujer su respectivo esposo. Con solo esta indicación, se elimina la aseveración de que el único propósito del sexo es el procrear hijos, ya que la gente cae en "fornicación y adulterio" no con el fin de procrear sino de "disfrutar".

La única manera de "disfrutar" en pareja es dentro del marco del matrimonio.

Pablo dice que "es mejor casarse que quemarse" (y no está refiriéndose al infierno, sino a los deseos sexuales) El matrimonio es la respuesta para la lascivia.

El sexo es necesario también en el matrimonio, porque es un deber o deuda que los esposos se deben el uno al otro, de acuerdo con I Corintios 7:3: *"que el esposo le rinda a su esposa la debida benevolencia, lo mismo la esposa al marido." "La debida benevolencia"*. La palabra griega utilizada aquí es eunoia y se refiere a sentimientos de buena voluntad, favor, bondad hacia otro.

Pablo también explica que la mujer no tiene potestad sobre su propio cuerpo sino el marido, lo mismo que el marido no tiene potestad sobre su propio cuerpo sino su mujer.

Los esposos tienen potestad sobre el cuerpo de sus respectivos cónyuges. Los esposos se poseen el uno al otro. Por supuesto que esta deuda, no es para que sea cobrada, sino brindada libremente. Cada uno debe estar consciente de dicha deuda y retribuirla.

El verso 5 nos indica que si las parejas no viven conforme a la manera divina, serán tentados por el enemigo, llevándoles a la infidelidad.

Jesús mismo dijo que si un hombre despide a su mujer sin razón bíblica, hace que ella cometa adulterio. (Mateo 5)

Pero el sexo en el matrimonio no es solamente necesario, sino que es una bendición. Las relaciones sexuales y el lecho sin mancilla son bendecidos por Dios.

Hebreos 13:4 dice: *"Honrosos sea en todos el matrimonio y el lecho sin mancilla; pero a los fornicarios y a los adúlteros los juzgará Dios."*

Génesis 2:24 muestra que el sexo no fue un resultado de la caída del hombre sino que fue bendecido por Dios antes de que el hombre pecara.

Dios, después de bendecirles, les dijo: "sean fructíferos y multiplíquense".

Sexo e intimidad

> "Bebe el agua de tu propia cisterna, los raudales de tu propio pozo. ¿Acaso han de derramarse tus fuentes por las calles y tus corrientes de aguas por las plazas? Sean ellas para ti solo, no para los extraños que estén contigo. ¡Sea bendito tu manantial y alégrate con la mujer de tu juventud. Que sus caricias te satisfagan en todo tiempo y recréate siempre en su amor." Prov 5:15

La perspectiva cristiana verdadera nunca dice: "mi cónyuge debe complacerme" sino "Yo debo complacer a mi cónyuge". Los padres deben enseñar esto a sus hijos, y pasarlo de generación a generación. Este es el deber de todo padre de familia. No le toca a la escuela ni a los amigos, ni a la sociedad corrupta, enseñar a nuestros hijos tan delicado tema. Padres sanos y bendecidos en su matrimonio, no temen hablar de estos temas con sus hijos ni se avergüenzan por ello.

Por supuesto que el sexo no lo es todo. Es solo el aderezo de una buena cena. El matrimonio está fundado sobre bases importantes de lealtad, amor, seguridad y perdón. El sexo es solo una parte, muy importante por cierto, de todos esos ingredientes.

Los esposos deben orar juntos, respetarse, comunicarse, tenerse confianza. Es una unión espiritual maravillosa que debe ser cuidada.

Una cosa es "tener sexo" y otra muy diferente "tener intimidad". Tener sexo involucra a dos personas buscando su propia satisfacción. El sexo es el alivio temporal de una necesidad superficial. El amor basado en el sexo, está condenado a sucumbir. Lo que en realidad llena al ser humano y lo satisface, es la intimidad. Tener intimidad involucra a dos personas buscando la satisfacción del otro. La intimidad no se refiere estrictamente al área física. Involucra otras áreas del ser humano que deben ser llenadas: área emocional, área mental, área social y área espiritual. Si nos concentramos en llenar solo el área física, nunca tendremos intimidad.

La sociedad ha cambiado lo que Dios dijo sobre el amor, el sexo y la intimidad por simples emociones y sensaciones.

"Dios ha reservado el sexo para el matrimonio y sólo para el matrimonio. No porque Él quiera que seamos miserables, sino porque quiere proteger nuestros corazones. Quiere construir una base segura para nosotros, para que cuando nos casemos, la intimidad se pueda basar en la seguridad del amor y sabiduría de Dios." Richard Purnell

Intimidad es cercanía. Intimidad es relación, vínculo y compromiso.

El placer sexual

Este es un regalo dado por Dios al ser humano desde la creación y es el deleite producido por la relación sexual. El placer sexual es parte primordial del matrimonio, tal y como lo indica el pasaje en Deuteronomio 24:5 que dice: *"Cuando alguien esté recién casado, no saldrá a la guerra, ni en ninguna cosa se le ocupará; libre quedará en su casa durante un año para alegrar a la mujer que tomó."*

El placer sexual es lícito solamente dentro del ámbito matrimonial. El sexo y el matrimonio conforman el marco ideal para las relaciones íntimas.

Si tu eres un adulto soltero y eres activo sexualmente sin estar casado, debes de poner tu vida en la perspectiva divina. El matrimonio es algo hermoso y de gran bendición. No hay razón para sentir temor a entrar en una relación seria y de compromiso para toda la vida. Al contrario, este es el regalo que Dios desea darte para que seas feliz y seas complementado.

Capítulo Dos

El sexo en el matrimonio

Sexo y matrimonio
Factores que dañan las relaciones sexuales
La pornografía
Por qué del sexo en el matrimonio

Sexo y Matrimonio

La relación sexual dentro del matrimonio fue creada y ordenada por Dios como un acto honroso y puro, conformando la más hermosa manifestación del amor íntimo de los esposos como lo dice Hebreos 3:4: *"Honroso es en todos el matrimonio, y el lecho sin mancilla "*.

La ignorancia es uno de los problemas mayores que enfrenta la pareja a la hora de encontrar gratificación sexual debido a su desconocimiento sobre lo que Dios piensa.

Cuando desconocemos lo que la palabra dice con respecto al placer sexual podemos acarrear culpabilidad y frustración en nuestra relación de pareja. Cuando fallamos en la comunicación y no somos capaces de preguntar abiertamente lo que nuestra pareja necesita y espera de nosotros, estamos abriendo una puerta al enemigo para que distorsione nuestra relación marital.

Cuando uno de los cónyuges sólo busca la auto gratificación, sin importar lo que sienta el otro, está creando un abismo de separación entre los dos.

Existen varios factores que pueden dañar o distorsionar las relaciones sexuales saludables en el matrimonio. A continuación detallaremos algunos de ellos con el fin de proporcionar información y solución a un problema que esta afectando a un porcentaje de parejas bastante alto.

La falta de conocimiento: Como dijimos anteriormente, muchas parejas están sumidas en problemas que tienen que ver con su sexualidad debido a la falta de información. El tema del sexo no se toca en las iglesias, y si se hace, lamentablemente ha sido de una manera equivocada y ajena a lo que verdaderamente enseña la palabra de Dios. Hoy en día todavía en muchas iglesias el tema del sexo es un mito, y es hasta considerado por algunos como: pecado. Por eso es necesario que la pareja tome conciencia y busque herramientas efectivas para mejorar su relación matrimonial.

La infidelidad: es otro factor que daña las relaciones intimas en la pareja. Esta situación provoca rechazo, falta de perdón, odio, resentimiento y genera trastornos físicos. La infidelidad técnicamente implica una traición, un engaño por parte de uno de los integrantes de la pareja. La infidelidad en la pareja comienza con la infidelidad a Dios. La persona pierde el temor de Dios y luego cede a la tentación. La persona infiel es seducida por sus propios deseos carnales que afloran por la falta de oración y de comunión con el Señor. La infidelidad es producto de la acumulación de pequeñas y progresivas insatisfacciones, incomprensiones, y monotonía en la relación, hasta llegar a un impulso momentáneo que desencadena una actuación cargada de emotividad, frustración, perturbación, confusión, y a veces, irracionalidad. Si no eres capaz de ser fiel a una persona que vez físicamente, ¿Cómo podrás ser capaz de ser fiel a Dios a quien no ves?

El infiel en la mayoría de los casos se siente culpable, despreciable, confuso, con miedo, vergüenza, atado de manos, con remordimientos, aliviado de que se haya descubierto todo, y resignado a la decisión que tome la pareja.

Exceso o carencia de relaciones sexuales: Otro factor que puede afectar a la pareja en el área sexual es cuando hay exceso por parte de uno de los dos en la frecuencia de las relaciones sexuales. Es importante la comunicación para decidir la frecuencia del sexo en la pareja. Cada pareja es distinta y sus necesidades totalmente diferentes. También, cuando hay carencia de las mismas debe tenerse mayor cuidado debido a que eso abre una puerta al enemigo, tal y como lo dice *1 Corintios 7:5*

Abuso verbal, físico y de autoridad: Aunque Dios nos amonesta a no negarnos el uno al otro, esto no significa que se debe desarrollar una dinámica de esclavo y amo, donde uno de los dos actúe abusivamente, sin respeto o con perversión hacia la otra parte. El matrimonio debe ser honroso, como leemos en el libro de **HEBREOS 13:4ª.** El abuso, de cualquier tipo, es condenable y va en contra de la integridad marital.

La edad mental: Muchos piensan que la edad física determina el deterioro en las relaciones sexuales, lo cual es una falacia.

Debemos renovar nuestra mente y disfrutar cada etapa de nuestras vidas como algo maravilloso. *Génesis 18:11-12.*

La Pornografía: El término pornografía nació cuando se desarrollo la fotografía. Entonces el sexo gráfico se hizo más frecuente con el fin de estimular sexualmente a quienes lo vieran. A través del arte: cine, esculturas, pintura, la literatura y la música. Cualquier tipo de pornografía causa frustración en la pareja porque es imposible evitar desear tener y hacer lo que se ve, lo cual es irreal. Lo que se presenta en la pornografía no es un cuadro real sino fingido que marca la pauta o la meta a muchos individuos que terminan por sentir frustración al no cumplir con los "requisitos" preconcebidos que se aprenden por medio de la pornografía. . *Colosenses 3:5, Efesios 5:11*

La Pornografía produce: 1– una imaginación fantasiosa y pervertida. Hace que se compare y se sustituya a la pareja por algún sujeto de la escena pornográfica, destruyendo la autoestima y confianza de nuestro cónyuge, y a su vez obstruyendo el fluir amoroso en el seno matrimonial. Cada pareja es diferente y deben tener la libertad y creatividad de hacer de sus relaciones íntimas algo especial y único, no parecido a nadie ni a nada más. Romanos 12:2, Mateo 5:28.

2– auto-satisfacción. La pornografía incluye en la mayoría de los casos, la masturbación, y excluye a la pareja. Cuando la masturbación es la única forma de gratificación, la relación se vuelve egoísta y deformada. La pareja debe tener presente la ley de la siembra y la cosecha, donde es mejor dar que recibir. 1 Corintios 7:4, Génesis 38:8-10. Más adelante delimitaremos más con respecto a este tema.

3- indiferencia y falta de interés hacia la pareja, violando el principio bíblico de la no negación, de la cual habla 1 Corintios 7:3.

4- falta de interés en congregarse y buscar a Dios, debido a la culpabilidad y endurecimiento del corazón.

Lo mas difícil de quitar de la memoria son las imágenes; por eso hay que renovar la mente y dejar que Dios haga una obra completa en nosotros.

La pornografía es nombrada en la Biblia como un acto implícito de las fornicaciones. Proviene de un vocablo griego: πορνεύω porneuo. que significa entregarse a los placeres y la lujuria de otro e involucrarse en relaciones sexuales ilícitas. La palabra pornografía se divide en dos raíces: pornos (fornicario): —y graphos (grafico o visual). La pornografía es aquello que muestra con detalle escenas de carácter sexual para excitación de quien las contempla.

La pornografía es una obra de la carne. Gálatas 5:19 habla de ello. Aparece como la palabra "porneia", que se ha traducido fornicación. Dichas obras de la carne no pueden ser reprendidas porque no son demonios. La persona debe de arrepentirse y poner por obra el dominio propio.

πορνογραφία, Porno-grafía

porne es "prostituta" y *grafía*, "descripción", es decir, "descripción de una prostituta"

El enemigo ha tenido éxito en torcer y pervertir el sexo. Él ha tomado lo que está bien y correcto (cariño intimo entre un marido y su esposa) y lo sustituyó por la lujuria, la pornografía, el adulterio, la violación, y la homosexualidad. La pornografía puede ser el primer paso hacia la inmoralidad (Romanos 6:19). La naturaleza adictiva de la pornografía ha sido bien documentada. De la misma manera que un adicto a las drogas debe consumir cantidades cada vez mayores y más poderosas para conseguir el mismo "efecto", la pornografía arrastra a una persona cada vez más profundamente hacia adicciones sexuales y deseos impíos.

Consecuencias y Daños de la Pornografía

- La promiscuidad en hombres y mujeres se vuelve natural
- Uno de los compañeros sexuales es generalmente infiel;
- Las uniones libres son aceptables;
- El refrenamiento de impulsos sexuales de uno de los dos conduce a riesgos de salud;
- Se desarrolla el "machismo".
- Hay inhabilidad de desarrollar relaciones serias (como el matrimonio, etc.)
- La exposición a la pornografía también disminuye el deseo de tener hijos.

Esto es más grave de lo que nos imaginamos.

La exposición a la pornografía disminuye el interés hacia la vida sexual en general. Disminuye la importancia en el aspecto físico de los cónyuges; la interpretación sexual de sus cónyuges y la buena voluntad de los esposos de participar en nuevos actos sexuales. La pornografía resulta en una disminución, y finalmente la pérdida, de repulsión evocada por la pornografía común. También resulta en una necesidad creciente de ver pornografía que presente formas menos comunes de sexualidad, incluso formas que implican algún grado de violencia. Esto conlleva a la alteración perceptual del comportamiento sexual "común. La pornografía produce desconfianza entre los esposos y aumenta la tolerancia hacia las violaciones de exclusividad sexual (la repulsión moral de los comportamientos sexuales impropios disminuye bruscamente). En el hombre, la pornografía genera una pérdida de compasión hacia las mujeres víctimas de violación y hacia las mujeres en general. También una pérdida de preocupación por los efectos de la pornografía en otros.

En general, la pornografía despliega una necesidad de formas más violentas y extrañas de sexo. Las personas adictas a la pornografía llegan a la trivialización de la violación como ofensa criminal, lo mismo que el abuso sexual infantil. Además, tienen una predisposición hacia el deseo de cometer violaciones. Las adicciones son algo de lo que usted debe arrepentirse. La pornografía causa adicción, y debe arrepentirse de ello. La pornografía es un problema muy común entre los cristianos. Somos la sal del mundo. No perdamos nuestro sabor.

Sexo e intimidad en el matrimonio

El sexo en el matrimonio

1. Cumple con el mandato de Dios de ser una sola carne. *"Dejará el hombre a su padre y a su madre y se unirá a su mujer y serán una sola carne" (Génesis 2:24).*

2. Es un medio natural de cumplir con la orden de Dios de ser fructíferos. *"Y Dios los bendijo, y les dijo, Ser fructuoso, y multipliquense, y llenen la tierra, y sométanla: y tengan bajo dominio a los peces del mar, y las aves del cielo, y a cada criatura que se mueva sobre la tierra" (Génesis 1:28).*

3. Proporciona un medio de satisfacer necesidades en su cónyuge. (la mujer como una ayuda idónea y el hombre como proveedor) *"Y el SEÑOR Dios dijo, no está bien que el hombre esté solo; le haré una ayuda idónea para él" (Génesis 2:18)*

4. El sexo es la debida "benevolencia" que ambos esposos deben darse el uno al otro. I Corintios 7:3

El sexo es un regalo "dado" a su cónyuge. "Que el marido <u>dé</u> la benevolencia que se le debe a la esposa: y de la misma manera también la esposa al marido".

6. Retener o negar el sexo en el matrimonio es como robarle a su cónyuge. *"No se defrauden el uno al otro, ni se nieguen al uno al otro a no ser por mutuo consentimiento y con el propósito de orar, pero luego vuélvanse a juntar para que Satanás no los tiente" (I Corintios 7:5)*

7. Que los maridos amen a sus esposas (ágape) Efesios 5: 25-27 . Y esto incluye complacerlas sexualmente.

y que las esposas amen (filandros) a sus esposos (Tito 2:4)

El verbo griego aquí implica que la mujer sea la amiga, la esposa y la amante de su marido. Su compañera sexual. Ella debe complacerle en todas las áreas.

Nota: El matrimonio debe ser Bíblicamente definido como una relación de convenio ante Dios entre un hombre y una mujer.

Capítulo Tres

Consejos conyugales

Lo que los esposos deben saber
Consejos para mejorar sus relaciones

Lo que los esposos deben saber para mejorar sus relaciones íntimas

Es importante para los matrimonios que tengan en cuenta los siguientes puntos que trataremos a continuación:

1- máximo placer sexual y orgasmo no son lo mismo. En el hombre el orgasmo es inevitable, pero en la mujer no siempre es la meta. Una mujer prefiere muchas veces máximo placer sexual, y no necesariamente necesita llegar al orgasmo para sentirse satisfecha.

2- Muchos hombres ignoran cómo las palabras de contenido sexual que escogen a la hora de la intimidad afectan enormemente a la mujer. Algunas palabras pueden ser sumamente ofensivas. A un hombre puede producirle excitación el hecho de escuchar términos sexuales, pero en el caso de la mujer, existen muchas otras palabras de mayor contenido que la pueden preparar para la actividad sexual de manera más efectiva.

3- En el área sexual es donde hombres y mujeres difieren más. Debido a los siguientes factores:

a) hormonas diferentes pasan por nuestras venas y por lo general hacen que los hombres estén más interesados en sexo casi todo el tiempo y que las mujeres estén potencialmente más emocionales durante el periodo premenstrual.

b) La tendencia de las mujeres y hombres de favorecer ciertos lados diferentes del cerebro conllevan a que las mujeres sean más comunicativas y utilicen el hablar mucho más que los hombres, y los varones tienden a tener más interés sexual.

c) Nuestros cuerpos son diferentes y responden diferentemente durante el sexo.

4- La expresión: "Tu me haces infeliz" es una frase manipuladora y tramposa. Nadie nos hace infelices. Nosotros mismos somos el reflejo de lo que ya somos. Haciendo felices a los demás, nos completamos a nosotros mismos. Si nos sentimos infelices es cuando debemos considerar cambiar nosotros mismos, en lugar de cambiar a los demás.

5- Se estima que una de cada tres parejas tienen problemas con respecto al sexo en su matrimonio.

Los problemas sexuales más comunes son: problemas de erección, eyaculación precoz, falta de deseo sexual, problemas de alcanzar el orgasmo en las mujeres, vaginismo, diferencias de deseo sexual.

6- No hay nada que demuestre que la mujer no tenga la capacidad física para responder sexualmente. Puede haber una disminución en el deseo sexual, pero hasta lo que ahora se sabe, todas las mujeres fueron creadas para responder sexualmente. Que una mujer no responda en ciertas ocasiones a los estímulos sexuales no quiere decir que sea "frígida".

Consejos para mejorar sus relaciones sexuales

No separe su vida espiritual de la sexual. El sexo en el matrimonio es un maravilloso regalo para ser nutrido y disfrutado. Usted puede crecer conjuntamente con su pareja, fortaleciendo ambas áreas de manera conjunta.

Estudie y conozca lo que Dios dice en Su palabra con respecto al sexo. Lea artículos relacionados con el sexo sano de manera periódica. Además, aprenda cómo deleitar a su cónyuge investigando de manera positiva las áreas que le interesan y cómo satisfacerlas.

El Cantar de los Cantares de Salomón, es un libro romántico y lleno de consejos a seguir con respecto a la vida intima de la pareja.

Recuerde que su cónyuge tiene un punto de vista diferente con respecto al sexo. En el hombre esta área conforma un porcentaje más alto de expectativas que en la mujer. Infórmese al respecto, converse con su pareja y averigüe cuán elevado es su nivel de interés en cuanto a esto. Desarrolle una mejor comunicación en esta área.

La mujer debe tratar de lucir bella, limpia y atractiva para su esposo. En el hombre esta área es muy importante. El hombre se deja llevar más por la vista y se concentra en el acto sexual de manera más concreta mientras que la mujer está más orientada a una relación integral.

Evalué su nivel de inhibiciones. Dios no desea que

seamos inhibidos, sino que seamos capaces de tener una afirmación positiva con respecto al sexo. Pídale a Dios que le revele las raíces de sus inhibiciones, sentimientos de culpa o disgusto con respecto al sexo. Pídale que le sane en su relación sexual para que pueda ser creativo y apasionado de una manera sana y positiva.

Enseñe a su pareja cómo encender la llama de la pasión en usted. Si el área de la comunicación y relación es muy importante, indíquele como cultivarlas con el fin de prepararle a usted en las relaciones íntimas. Muéstrele cómo cultivar el deseo sexual a través de las palabras y los hechos. No espere que su cónyuge sepa todo y que siempre tome la iniciativa. Enséñele dónde y cómo acariciarle, bajo qué circunstancias y en qué ambientes. Recordemos que la mujer es distinta y que no siempre tiene que llegar a un orgasmo para sentirse satisfecha. La meta sexual en la mujer no es el orgasmo, sino la plenitud y llenura sexual.

Entrénese a usted mismo en cómo deleitar a su pareja. Investigue lo que le agrada a el y lo que le apasiona. Para eso está la comunicación. El común acuerdo es importante, porque ninguno de los dos debe hacer cosas que no les traiga paz a ambos, o que involucren dolor físico o emocional. Por otra parte, si usted está incómodo con algo, investigue los motivos del por qué y pida a Dios que le ayude a cambiar si es necesario.

No permita el aburrimiento. Si usted no desarrolla la creatividad y se libera de la inhibición sexual, su pareja se aburrirá sexualmente y las tentaciones entrarán.

Existen muchas enseñanzas en contra del adulterio pero la iglesia no nos ha enseñado cómo prevenirlo. Una de las raíces del adulterio es la falta de cuidado, la falta de atención y comunicación en una de las dos partes. Entonces viene alguien más que llena de manera simple esos faltantes y se arruina por completo la relación de pareja.

¿Qué posición sexual es válida?

En la Palabra de Dios no hay posiciones santas ni no santas, ni menos santas. Se especifica el hecho de no caer en aberraciones sexuales ni deseos desenfrenados, pero no hay un método "cristiano" definido para llevar a cabo las relaciones sexuales. Si usted tiene una concepción definida en contra de cierta posición sexual o en la manera que debe practicarse el sexo, pídale a Dios que le cambie y le renueve la mente. Lo importante es que ambos estén de acuerdo en la posición a utilizar, y que esto traiga satisfacción, paz y honor al matrimonio. Pídale a Dios que sane sus esquemas mentales preconcebidos y que le abra su mente a la creatividad libre de condenación. Cuando la palabra de Dios habla con respecto a aberraciones sexuales, son aquellas prácticas que involucran el adulterio, homosexualismo, el sexo con animales y la pornografía.

Compre un libro o un folleto sobre el matrimonio, técnicas sexuales de vez en cuando. Una manera de dejarle saber al marido que la esposa está interesada en complementar sus relaciones sexuales y enriquecerlas es comprando libros serios sobre el tema, de vez en cuando. Toda literatura que usted lea, debe promover la fidelidad y el sexo monógamo. Si usted siente que su marido no entiende sus necesidades de relación/comunicación, compre un libro que trate con esto y léalo en su presencia y compártalo con él. Esto hará que su interés se vuelque a usted...ya lo verá.

Haga de su matrimonio su prioridad número uno, aparte de su relación con Dios. Las parejas cristianas a menudo no se interesan sobre el desarrollo de su relación matrimonial. Usted no debe invertir más tiempo en ninguna otra actividad por más religiosa que parezca, dejando de lado su relación matrimonial. Por lo tanto usted debe ser activo en el funcionamiento de su matrimonio y vida sexual. No piense: "el hombre es la cabeza espiritual, él debería enseñarme sobre esto." Si él no conduce, entonces usted actúe como la ayuda idónea que es. Cada persona es responsable de amar a su cónyuge y construir su matrimonio sin importar cuán activa es la otra persona. No ponga excusas como las de: "estoy cansada o cansado" "estoy muy ocupada u ocupado".

Como los hombres normalmente quieren el sexo más frecuentemente que las mujeres, usted debe encontrar un término medio y querer ministrar a su marido con sexo ocasional rápido. Esto funciona muy bien cuando se tienen niños o cuando se está muy ocupado. De vez en cuando planee una salida a un hotel, busque una niñera y dedíquese a su marido.

Usted recoge lo que cosecha. Si usted siembra actitudes perezosas y preconcebidas con respecto al sexo, usted obtendrá un matrimonio frustrado, aburrido y lleno de inhibiciones. Si usted siembra actitudes de aceptación, alegría, placer y llenura, cosechará una pareja amable, condescendiente y afectiva.

En un matrimonio balanceado, ambos buscan la gratificación mutua y la satisfacción conjunta. Si la mujer hace sentir a su esposo amado, deseado y comprendido, las actitudes negativas en él desaparecerán y mejorarán la relación matrimonial.   Con la ayuda de Dios a través de su Espíritu Santo, es posible cosechar un matrimonio feliz.

Capítulo Cuatro

Problemas sexuales más comunes en el matrimonio

Problemas de erección
La eyaculación precoz
Falta de deseo sexual
Problemas de orgasmo en la mujer
El vaginismo
Diferencias de deseo sexual

Problemas Sexuales más comunes en el matrimonio

Problemas de erección: Los problemas de erección, son conocidos como impotencia, por muchos. El problema es que el varón tiene una inhabilidad de sostener una erección lo suficientemente firme como para entrar en la vagina durante la cópula. La disfunción de erección también se concentra en la inhabilidad de permanecer firme hasta la finalización de la cópula sin brindar satisfacción a su compañera. Puede ser causado por problemas médicos como la diabetes, la hipertensión, o por la cirugía de cáncer de próstata. Los factores psicológicos son un factor importante a la hora de mantener una erección durante el sexo. Estos problemas pueden ser remediados con terapia sexual y algunos medicamentos creados para este fin, sin embargo, la mujer puede y debe mantener una mente comprensiva y cariñosa con respecto a la situación de su esposo. Oren a Dios y pídanle que les sane de su condición emocional o física que está causando dicho problema en su matrimonio. Pídanle una guía y una estrategia a seguir. Busquen ayuda.

- El organismo realiza una función de limpieza que le ofrece al hombre de 6 a 10 erecciones durante el sueño. Esta es una función normal del cuerpo, cuyo propósito es oxigenar el tejido eréctil del pene y evitar la atrofia. Si usted está experimentando 6 a 10 erecciones durante el sueño, entonces su caso de impotencia es psicológica.

Eyaculación precoz: es cuando la eyaculación (expulsión del semen) pasa antes de que un hombre quiera eyacular. Muchos se quejan de tener este problema por ser incapaces de durar sin eyacular más de veinte minutos. Sin embargo, esta es una información equivocada, porque según fuentes expertas, el macho promedio eyacula entre 1 a y 7 minutos, con una estimulación adecuada.

Esta situación puede también ser causada por factores psicológicos como la culpa, el miedo, y la ansiedad. Las fuentes posibles de estos factores psicológicos son muchos y pueden variar con cada individuo. El hombre debe aprender a no tener prisas, ni a estar ansioso a la hora de mantener relaciones sexuales. La mujer puede ayudar, creando un ambiente relajado y agradable. Cuando ella le hace ver que está siendo llenada y que lo que él haga la satisface, eso hace que la tensión en el varón se quite y mejore la situación. Por otro lado, el hombre debe aprender cómo tener control de sus eyaculaciones. Esto se logra teniendo un conocimiento de su propio cuerpo. Esto es lo que los terapistas sexuales llaman la terapia del "detenerse y comenzar". Es cuando el hombre conoce cuando debe detenerse para evitar una eyaculación, y en ese punto volver a comenzar.

Una causa muy común de la eyaculación precoz es la adicción a la pornografía. La ansiedad causada por ver actividad sexual es acumulativa y puede manifestarse de muchas maneras y la disfunción sexual es una de ellas. La eyaculación precoz es un trastorno psicológico que se desarrolla a lo largo del tiempo. Usted puede superar esa condición, simplemente purgando esas impresiones visuales de su mente. Esto es RENOVAR LA MENTE.

La eyaculación precoz es una de las disfunciones sexuales que más afecta a las parejas. Según estudios realizados, un 29% de los hombres reportan esta situación.

Los hombres alcanzan el clímax de la relación sexual unos 3 minutos después de que ha habido penetración, pero las mujeres toman más tiempo. Una mujer puede tomar entre 12 y 15 minutos, a veces más.

La eyaculación precoz, por el contrario, es la expulsión del semen antes o apenas hay penetración, con una estimulación sexual mínima y antes de que el hombre lo desee. En algunos casos la eyaculación precoz es causada por factores médicos, pero en general es una situación psicológica. El uso del alcohol, el tabaco y las drogas también contribuyen a la eyaculación precoz.

Los hombres mayores suelen controlar mejor sus eyaculaciones debido a la experiencia. Si usted es varón, la próxima vez que tenga relaciones sexuales trate de tener pausas una vez que haya habido penetración. Trate de no moverse por algunos segundos e intente contraer el músculo (pubococcygeus) que se encuentra localizado entre el hueso púbico hasta el coxis (hueso de la colita) El ejercicio de este músculo es conocido como ejercicios KE-GEL, que también son realizados por las mujeres para combatir la incontinencia urinaria y dar más tonificación del músculo pélvico.

Converse y comuníquese con su esposa con respecto a esta situación. Ella puede formar parte vital en su recuperación.

Falta de deseo sexual: Puede ser causado por el uso de ciertos medicamentos, la tensión, problemas de salud, etc. y es a menudo un problema secundario que termina en un problema sexual.

Lo primero que hay que hacer es realizarse un chequeo médico general para asegurarse que no hay problemas físicos. Si no hay ninguno, la carencia del deseo puede ser tratado en terapia sexual con un alto grado de éxito. Si hay problemas físicos, la terapia sexual puede ayudar a individuos y sus parejas a encontrar maneras para vencer los problemas emocionales que están por lo general presentes junto con el problema físico.

La carencia del deseo puede ser el resultado de muchos "apagones". Estos pueden ser el resultado de comportamientos inapropiados por parte del compañero, higiene del cuerpo, auto imagen de cuerpo, lugar donde el compañero quiere tener el sexo, etc. Cosas que solían "encendernos" pueden convertirse en "apagones". Acontecimientos fuertes en la vida como: un parto, la pérdida de uno ser amado, problemas financieros, afectan el deseo sexual.

Una causa principal de la carencia del deseo es estar demasiado cansados para el sexo. Las largas horas de trabajo, tener cuidado de las tareas de la casa, y las responsabilidades de crianza de los hijos a menudo ponen el sexo de último en la lista.

El enojo y la falta de perdón también causan falta de apetito sexual. Situaciones en el pasado pueden causar temor a la intimidad. Traumas en la niñez, violaciones y abuso físico son causales de la falta de deseo sexual en uno de los cónyuges.

Otro factor importante que puede afectar la intensidad y el deseo sexual es la falta de privacidad. Vivir con otros familiares en la misma casa, niños pequeños, o en un lugar muy pequeño afecta generalmente el deseo sexual en las mujeres.

La culpabilidad con respecto a relaciones en el pasado también anulan el deseo sexual.

Hombres y mujeres adictos al trabajo y con una vida muy agitada y ocupada, generalmente pierden el deseo sexual y muchos de ellos tratan de solucionarlo acudiendo a la pornografía o a una aventura extra marital, sin darse cuenta que esto conllevará a otro tipo de problemas más graves.

Desilusiones fuertes en la vida de pareja tales como la infidelidad ejercen una influencia negativa en el deseo sexual. También cuando ha habido sexo doloroso.

También la falta de conocimiento en el área sexual conlleva a la pérdida de interés y sensación. En las personas donde el sexo es visto como algo malo y pecaminoso, esto es muy común. Cuando la persona piensa que lo que hace está mal delante de los ojos de Dios, esto le frustrará e inhibirá. La idea que tengamos de lo que Dios piensa con respecto al sexo influenciará nuestro pensamiento hacia la intimidad, de la misma manera. Por eso es importante leer y conocer lo que Dios opina al respecto!

La frigidez y los problemas de orgasmo en la mujer: Muchas mujeres experimentan problemas para conseguir un orgasmo. Muchas nunca han experimentado el orgasmo, y otras dicen que no están seguras de que han tenido un orgasmo. Dicen los expertos que la clave está en el cerebro y en la mente. Por lo tanto debemos pedirle a Dios que nos renueve la mente y nos sane.

Orgasmo, según un modelo del ciclo de respuesta sexual desarrollado por Helen Singer Kaplan, M.D., PhD., implica tres etapas: deseo, entusiasmo y orgasmo. Los orgasmos varían de mujer a mujer. Estas diferencias pueden deberse a factores físicos, como la fatiga y el tiempo transcurrido desde el último orgasmo, así como a una amplia variedad de factores psicosociales, incluso el humor, actividad, expectativas, y sentimientos sobre la experiencia.

Hay varios componentes fisiológicos del orgasmo. Primero, el orgasmo es una respuesta total del cuerpo, no solamente un acontecimiento pélvico. Algunas mujeres experimentan la contracción involuntaria de músculos faciales que resultan en lo que parece a una mueca o una expresión de incomodidad o disgusto, pero esto es realmente una indicación de la excitación sexual. El rasgo físico más característico del orgasmo es la sensación producida por las contracciones simultáneas rítmicas del músculo pubococcygeus (músculo PC). Junto con contracciones del esfínter anal, recto, el útero y músculo externo de la vagina (la plataforma orgásmica) en las mujeres.

Una diferencia principal existente entre la mujer y

el hombre es que mucho más mujeres que hombres tienen la capacidad física de tener uno o varios orgasmos adicionales dentro de un tiempo corto sin dejar caer su excitación sexual. Ser multi-orgásmica depende tanto del estímulo seguido sobre el interés sexual. Como ninguno de estos está presente siempre para la mayor parte de mujeres, múltiples orgasmos no ocurren con cada encuentro sexual.

> *Se estima que entre el 15 y 20% de la población femenina jamás ha experimentado un orgasmo. Un 30% de las mujeres en edad universitaria están tan insatisfechas con su cuerpo que no pueden disfrutar del sexo.*

Razones por las cuales una mujer no responde debidamente al estimulo sexual:

1. Cuando la mujer no recibe el tiempo o la atención necesaria para que ella responda. El hombre es más visual y orientado a lo físico.
2. Cuando la mujer no recibe la estimulación correcta. El orgasmo es un reflejo. Si la mujer no recibe una estimulación que cause el reflejo sexual, no puede actuar este reflejo en su cuerpo. Debido a que hablar abiertamente de la sexualidad en la relación matrimonial no es algo fácil, este tema suele ser ignorado totalmente.
3. Cuando la mujer está llena de temores. Temor a lo desconocido, a nuevas sensaciones, temor al fracaso.
4. Cuando la mujer piensa que ella no fue creada para experimentar este tipo de sensaciones. Esto no es Bíblico, sino más bien tiene que ver con tradiciones culturales. Dios creo en la mujer el clítoris y su función es propinarle sensación y placer sexual. Por eso es necesario que la mujer conozca su propio cuerpo.
5. Cuando la mujer ha tenido un trauma psicológico relacionado con el área sexual.
6. Cuando la mujer está llena de amargura y falta de perdón.

El Vaginismo: El Vaginismo es el espasmo o el apretamiento de la cinta de músculos que rodean la entrada de la vagina. Produce sexo doloroso y, en muchos casos, previene la introducción del miembro viril en la vagina. Algunas mujeres no pueden insertar un tampón o hasta su dedo. El Vaginismo es una reacción psicosomática. Esto significa que comienza en la mente y causa una estrechez no deseada y no intencional en el cuerpo. Los músculos que rodean la vagina se aprietan cuando se piensa en el coito o la penetración.

Vaginismo Primario es el término usado cuando una mujer nunca ha sido capaz de tener la cópula o el coito (relaciones sexuales) Esto sucede más cuando la mujer ha crecido en un ambiente con mensajes negativos sobre el sexo. Estos mensajes son por lo general extremos en su naturaleza y pueden ser sobre cómo el coito es doloroso, cómo la cópula es pecado, etc. El abuso sexual durante la niñez es una causa también.

La anticipación del dolor, la vergüenza, etc. causa un espasmo reflexivo de los músculos vaginales y el estrechamiento puede hacer la penetración imposible o muy dolorosa. Este dolor y la angustia psicológica asociada refuerzan el miedo y establecen un ciclo que puede seguir durante toda la vida de la mujer.

La anticipación y el miedo al dolor pueden causar la evitación de exámenes pélvicos, el uso de los tampones y cualquier cosa que exija la penetración de la vagina. Estas mujeres evitan tener sexo con sus esposos más adelante.

El vaginismo no tiene que ver muchas veces con la falta de deseo sexual. Muchas mujeres disfrutan la etapa pre-copulativa y las sensaciones de excitación sexual, mientras no haya penetración.

Vaginismo Secundario: es cuando estos espasmos involuntarios o contracciones de los músculos que rodean el inicio de la apertura vaginal aparecen después de que hubo una historia de relaciones sexuales normales. Esta condición por lo general comienza después de un período de cópula dolorosa, causada por otra condición como endometriosis, sequedad vaginal, el nacimiento difícil de un bebé, etc. Esta situación puede vencerse y no tiene por que ser una realidad en su vida. Pida a Dios que restaure toda condición física y que le sane. Tenga una conversación con su esposo y comiencen a reanudar sus relaciones poco a poco. Tomen tiempo para sanar cualquier herida.

El vaginismo es una condición o trastorno relacionado con la sexualidad y no es una enfermedad. Esta situación no desaparee por si sola. Hay que tratar la raíz emocional del problema.

El vaginismo es un reflejo de defensa subconsciente que no depende de la voluntad de la mujer. Aunque ella quiera no puede evitar la contracción.

Jesús puede sanar tus heridas y hacer que las experiencias del pasado ya no determinen tu presente. Cuando experimentas el perdón de Dios y el perdón hacia los demás, comenzará una liberación para tu alma.

Toma la decisión de perdonar.

Diferencias de deseo sexual: Las diferencias de deseo sexual son tan normales como los distintos apetitos de comida y los tipos de comida que nos gusta. Si una relación es sana, las diferencias en el deseo sexual tienden a crear problemas aproximadamente el 20 por ciento de las veces. En relaciones que no son sanas, las diferencias en el deseo sexual pueden ser el foco de argumentos el 80 por ciento del tiempo. Las diferencias en el deseo sexual son una de las quejas más comunes vistas por terapeutas sexuales. Es muy común escuchar en la relación de pareja, que uno de los dos quiere tener sexo todo el tiempo y que el otro no.

La solución a este problema es dirigirse el uno al otro y conversar para encontrar una frecuencia de sexo que ambos encuentren satisfactorio. La conversación debe tener lugar cuando no estén en el dormitorio sino en un lugar neutral.

La pareja debe llegar a un acuerdo que complazca a ambos y que dicho acuerdo esté basado en la necesidad real de ambos.

La palabra de Dios nos dice que el cuerpo del marido y de la esposa no les pertenece a ellos mismos sino a su pareja. Por eso hay que pensar en el otro antes que uno mismo.

Los dos tienen que ceder y abrir su mente a nuevas opciones. De no hacerlo, esto puede producir un abismo entre ambos y terminar con un problema grave de comunicación.

Capítulo Cinco

Relaciones Sexuales prohibidas en la Biblia

Lo que toda pareja debe saber
La Masturbación
La Pornografía
Relaciones anales
Inmoralidad sexual
Las obras de la carne

Relaciones Sexuales Prohibidas

El sexo es requerido en el matrimonio (1 Cor. 7:3-5) pero la escritura no nos dice lo que específicamente se debe o no hacer en lo que concierne a la intimidad. Esto es muy propio de cada pareja.

Pero, la Biblia si nos habla de ciertas prohibiciones y actos que debemos excluir.

Específicamente la pareja cristiana NO DEBE:

1- incluir a terceros en la relación sexual. La práctica "de cambio de parejas", "sexo en grupo" es adulterio claro y definido. Una pareja cristiana no debe nunca involucrarse en este tipo de prácticas paganas. (Gálatas 5:19; Efesios 5:3; Colosenses 3:5; 1 Tesalonicenses 4:3).

2- incluir Pornografía y fantasías sexuales en su relación. Generalmente las fantasías sexuales involucran a terceras personas. Esto es "la lujuria de la carne y la lujuria de los ojos" (1 Juan 2:16) y es por lo tanto condenada por Dios también. Hebreos 13:4

3- practicar aberraciones sexuales: incesto, homosexualismo, lesbianismo, sodomía, sexo con animales, relaciones sado-masoquistas, el pegarse o hacerse daño. Todo esto denigra la esencia del matrimonio y deja de ser honroso delante de los ojos de Dios.

4- Tener relaciones sexuales durante el período menstrual de la mujer. (Gálatas 5, Levítico 18)

Además de esto, no hay nada que la Escritura explícitamente prohíba a un marido y su esposa hacer el uno con el otro mientras sea por consentimiento mutuo.

La biblia no habla de los juguetes sexuales. Pero el hecho de que no lo haga no significa que debemos dejar de contemplar lo siguiente:

El problema de los juguetes sexuales, es que traen adicción debido al estímulo que provocan en el órgano sexual de la mujer, y en la mayoría de los casos toman un lugar más importante que las mismas relaciones sexuales.

De repente la mujer, no puede tener satisfacción ni llegar a un orgasmo normalmente si no es por el uso de un objeto. Su uso debe ser de consentimiento mutuo y bajo ninguna circunstancia causar dolor o daño.

Si solo uno de los dos en la pareja es quien desea utilizarlos, es mejor no hacerlo hasta que ambos estén en completo acuerdo. El amo no busca lo suyo propio. 1 Corintios 13. El amor no denigra a la pareja ni la avergüenza.

Recuerden que el cuerpo de la mujer no le pertenece a ella ni el cuerpo del varón pertenece a el mismo sino a su mujer. 1 Corintios 7:4

Si uno de los dos quiere forzar a su pareja a hacer algo, esto tiende a erosionar la intimidad matrimonial, crear la desconfianza y un sentido de traición, y a menudo conduce a una exploración más amplia incluyendo encuentros extramaritales. Estas posibilidades son emocionalmente destructivas, dañando su amor propio y la confianza mutua.

Si ambos tienen paz, se sienten a gusto en los procedimientos que usan (mientras no sea una aberración, anormalidad, relaciones no normales) continúen complaciéndose el uno al otro; pero si algo que hacen trae cuestionamiento, culpabilidad, y sentimientos negativos, lo mejor es detenerse y no continuar.

Nuestro matrimonio debe darle gloria a Dios en todo lo que hagamos y en todo lo que emprendamos.

La masturbación

La Biblia NO habla específicamente de esto. Muchos le llaman Onanismo (tomado del pasaje donde Onán vierte su semen fuera para evitar el embarazo en su compañera y así no darle descendencia a su hermano muerto. Génesis 38:8-10) Sin embargo, esto es muy diferente a la masturbación. Esto es Coitus Interruptus. Una manera de evitar la concepción y Dios lo desaprueba.

En Deuteronomio 23:10 dice en el original *»Cuando tengas que salir en campaña de guerra contra tus enemigos, te mantendrás alejado de impurezas. Si alguno de tus hombres queda impuro por causa de una emisión nocturna, saldrá del campamento y se quedará afuera."*

La emisión nocturna son los conocidos (sueños mojados e incluye la autosatisfacción sexual).

Este es el único pasaje en el Antiguo Testamento

que nos da un poco de luz con respecto a este tema. Más adelante, en el Nuevo Testamento encontramos un pasaje que analizaremos en unos instantes.

Efectos de la masturbación: La masturbación no causa daño físico ni psicológico. Esto es un mito. Sin embargo, cuando un soltero practica la masturbación, más adelante en su vida marital se verá afectado, ya que muchas veces estas personas no logran alcanzar un orgasmo sano con su pareja sin masturbarse.

El sexo crea una atadura y un vínculo. Ese vínculo ha sido creado solamente para disfrutarse entre el marido y la esposa.

Cuando se hace un hábito, la masturbación condiciona nuestra respuesta sexual y modifica nuestras expectativas sexuales; consciente o inconscientemememente afecta las relaciones matrimoniales en el futuro.

1 Tesalonicenses 4:4

"que cada uno de vosotros sepa tener su propia esposa en santidad y honor;"

Este pasaje es empleado siempre en el contexto del matrimonio, sin embargo, en el original griego la palabra para "esposa" generalmente es γυνή (guné) y NO es la palabra usada en este pasaje. La palabra griega usada aquí es σκεῦος (skeous) que significa" vaso, cuerpo". La traducción más acertada sería: Que cada uno de vosotros sepa controlar su propio cuerpo en santidad y honor."

El auto-control del propio cuerpo también incluye la masturbación. La masturbación (si es practicada como una constante) es un acto egoísta. Es "hacer el amor" con uno mismo.

La masturbación, lamentablemente incluye otros patrones de conducta adversos como la: fantasía y la pornografía. Especialmente en los hombres, la masturbación va acompañada de pensamientos insinuantes. ¿Está pensando en otra mujer que no es su esposa? y si no eres casado: tienes fantasías con alguien más? ¿involucras a terceros? Mateo 5:21-22 / 27-30 considera esto como adulterio y fornicación.

El contexto con el cual la persona experimenta repetidamente placer sexual será lo que determine su preferencia sexual.

En 1 de Corintios 7:8-9, el apóstol Pablo nos da otra luz: *"Digo, pues, a los solteros[l] y a las viudas, que bueno les sería quedarse como yo pero si no tienen don de continencia, cásense, pues mejor es casarse que estarse quemando"* Cuando el apóstol habla aquí de "don de continencia" se está refiriendo al auto-control tomando como ejemplo a los atletas, que en la preparación para los juegos se abstenían de alimentos malsanos, de vino, y de indulgencia sexual.

De manera que si un soltero no tiene dominio propio con respecto al sexo y su propio cuerpo, lo mejor es que busque pareja y se case.

El sexo oral: para quienes piensan que el sexo oral no es sexo, están equivocados.

El contacto genital con cualquier otra parte del cuerpo es considerado "relación sexual". El sexo oral crea vínculos emocionales, físicos y espirituales entre las partes involucradas.

El sexo oral involucra exponer "la desnudez" a otro. Levítico 18. Esta es una figura del lenguaje que se refiere a mantener relaciones sexuales.

Por lo tanto, este tipo de relación sexual, de practicarse debe hacerse solamente dentro del marco matrimonial y entre personas heterosexuales. El marido y la esposa.

No existe ningún pasaje en la biblia que diga que el sexo oral es pecado, sin embargo, puede ser que no sea apropiado para todas las parejas. Antes de llevarlo a cabo conteste honestamente estas preguntas:

1-¿están de acuerdo ambos (esposo y esposa) en llevarlo a cabo y es voluntario? 1 Corintios 7:5

2-¿cuál es la motivación que usted tiene de practicarlo? ¿Ha sido influenciado por algo que vio o escuchó? ¿Está ligado a la pornografía?

3-¿siente usted o su pareja que eso no le agrada a Dios? ¿No siente paz en realizarlo? ¿Siente condenación?

4-¿es algo que ambos disfrutan voluntariamente?

5-¿es ocasional o requerido en cada relación sexual?

Los casados deben compartir voluntariamente sus cuerpos el uno con el otro pero sin violar sus propias conciencias, estando en armonía y mutuo consentimiento.

Cualquier acto sexual realizado por la pareja debe ser honroso y nunca degradar al otro. Si alguno de los dos se siente mal y degradado, esa práctica no debe ser parte de su intimidad.

No hay evidencia bíblica de que el sexo oral sea pecado delante de Dios cuando una pareja casada se demuestra el amor de esa manera. Aun el libro de Levítico, donde encontramos la mayoría de las prohibiciones sexuales, no lo menciona.

Lo que una pareja debe tener en cuenta es no sustituir el sexo genital con el sexo oral.

El sexo ha sido tan denigrado por la pornografía y por la maldad de la sociedad, que por eso la mayoría de las personas lo perciben como sucio o pecaminoso.

Si leemos en el libro de Cantar de los Cantares nos daremos cuenta que todo este libro es de contenido erótico dentro del marco del matrimonio. Es un poema de amor entre los esposos.

Advertencia: *Cuando el sexo oral es necesario en cada interacción sexual esto puede apuntar a la lujuria o la idolatría sexual como el motivo subyacente. Si este es el caso, seguir la práctica podría erosionar el amor en la relación.*

Como un manzano entre árboles silvestres es mi amado entre los jóvenes. A su sombra deseada me senté y su fruto fue dulce a mi paladar. Cantares 2:3

¡Soplad, y mi jardín desprenda sus aromas! ¡Venga mi amado a su jardín y coma de sus dulces frutos! Cantares 4:16

"Las muchas aguas no podrán apagar el amor ni lo ahogarán los ríos. Y si un hombre ofreciera todos los bienes de su casa a cambio del amor, de cierto sería despreciado. Cantares 8:7

El sexo anal: para muchas personas, este tipo de relación sexual es común y válida, sin embargo esta es una apreciación no bíblica y alejada de Dios. El sexo anal o rectal es sexo distorsionado y lujurioso.

El recto no fue diseñado para tener sexo. El recto fue diseñado para eliminar y expulsar desechos que el cuerpo ya no ocupa. El recto no posee lubricación por lo que las relaciones sexuales anales producen fisuras que causan infecciones y condiciones graves como el SIDA. El miembro masculino puede contraer infecciones serias por la exposición a la bacteria localizada en el recto.

También se puede desarrollar un síndrome relacionado con la incapacidad de las esfínteres de recuperar su elasticidad y cerrarse, debido las relaciones sexuales anales repetidas.

La vagina por lo contrario, fue diseñada para recibir el miembro masculino y a la vez expulsar el bebé a la hora del parto.

Un marido que desea sexo anal con su esposa está basando la relación sexual en lujuria y no en amor.

Romanos 1:18,26-31dice claramente: "porque la ira de Dios se revela desde el cielo contra toda impiedad de los hombres...por eso Dios los entregó a pasiones vergonzosas; pues aun sus mujeres cambiaron el uso natural por el que es contra naturaleza, y de igual modo también los hombres, dejando el uso natural de la mujer, se encendieron en su lascivia unos contra otros, cometiendo hechos vergonzosos hombres con hombres..."

La inmoralidad sexual: "Digo, pues: Anden en el Espíritu, y no satisfagan los deseos de la carne. Porque el deseo de la carne es contra el Espíritu, y el del Espíritu es contra la carne; y éstos se oponen entre sí, para que no hagan lo que quisiereis. Pero si ustedes son guiados por el Espíritu, no están bajo la ley." Gálatas 5:16-18

Analicemos Romanos 1:26-31: "por eso Dios los entregó a *pasiones vergonzosas;* pues aun sus mujeres cambiaron *el uso natural* por el que es contra naturaleza, y de igual modo también los hombres, dejando el uso natural de la mujer, se encendieron en su lascivia unos contra otros, cometiendo hechos vergonzosos hombres con hombres..." Las palabras griegas que son traducidas en este pasaje como pasiones vergonzosas: παθη ατιμια (paze—atimía) significa: todo lo que uno experimenta o siente de manera deshonrosa y despreciable. Específicamente, se refiere a sentir bajos deseos incontrolables. También, las palabras FIUSIKEN JRESIS que han sido traducida como: uso natural, en realidad significan: relaciones sexuales normales y naturales entre un hombre y su mujer. Lo que este pasaje dice realmente es: "...humanos (hombres y mujeres) entregados a bajos deseos incontrolables, donde sus mujeres cambiaron las relaciones sexuales normales por relaciones sexuales no naturales." La penetración vaginal es lo natural. Cualquier otro tipo no lo es, aunque el mundo lo practique. El homosexualismo y el lesbianismo son: contra la naturaleza.

La lujuria y la lascivia: Las palabras griegas traducidas como lujuria (koitais) y lascivia (aselgueias) en realidad tienen una connotación más profunda que en español.

El significado de las siguientes palabras es mucho más extenso y delicado:

koitais : "acostarse sexualmente con cualquiera", "tener relaciones sexuales indiscriminadamente".

Aselgueias: "desenfrenos y libertinajes".

Komos (orgías): fiesta en la calle con cantos y danzas a altas horas de la noche. Un festín y banquete

Por lo tanto, podemos traducir Romanos 13: 13 de la siguiente manera: *"No anden ni en festines ni danzas nocturnas, ni borracheras, ni acostándose indiscriminadamente con cualquiera, ni tampoco en desenfrenos ni libertinajes, ni en contiendas ni celos sino vístanse del Señor Jesucristo y no satisfagan los deseos de la carne."*

Esta es una amonestación que no debe pasarse por alto tampoco en el matrimonio. En una pareja, estas conductas y bajas pasiones son reprochables. Sin importar si están casados. Por eso la Biblia nos dice que el matrimonio es honroso y las relaciones sexuales puras. No "religiosas", sino "puras", sin bajos instintos ni pasiones vergonzosas. Todo lo que cause vergüenza, deshonor, humillación a uno de los cónyuges, es considerado como lascivia. Según el diccionario Bíblico de Derek Williams, la lascivia es una descripción neutral de cualquier deseo físico fuerte y egoísta. La lujuria lleva a deseos o bajos instintos que conllevan a acciones deshonestas que hieren el vinculo matrimonial. En el mundo secular, esto es "pasión y enamoramiento", pero para Dios no está bien.

"Y manifiestas (**evidentes**) son las obras de la carne, que son: adulterio, fornicación, inmundicia, lascivia, idolatría, hechicerías, enemistades, pleitos, celos, iras, contiendas, disensiones, herejías, envidias, homicidios, borracheras, orgías, y cosas semejantes a estas; acerca de las cuales os amonesto, como ya os lo he dicho antes, que los que practican tales cosas no heredarán el reino de Dios.." Gálatas 5:19

Es importante estudiar un poco más profundamente algunas de estas palabras listadas en el capítulo 5 de Gálatas, para un mejor entendimiento de lo que realmente se quiere decir.

Vamos a analizar cada una de las palabras que aparecen en esta lista que nos da Pablo, con el fin de abrir nuestro entendimiento y conocimiento de lo que le desagrada al Señor. Hoy en día muchos buscan una excusa para hacer lo malo o para dejar de hacer lo bueno que deben. Esta lista le ayudará a tomar conciencia y a llamar las cosas como son.

Las obras de la carne incluyen actitudes y emociones erróneas. Es la naturaleza humana terrenal y animal que nos incita a pecar. Pero gracias a Dios tenemos al Espíritu Santo que nos ayuda en medio de toda prueba y tentación.

Veamos el listado siguiente y tomemos el tiempo para analizar y aprender, mientras el espíritu de Dios nos revela y redarguye:

μοιχεία **moijeía adulterio** Tener relaciones sexuales con una persona que ya está casada. Según el punto de vista de Jesús, basta desear el cónyuge de alguien más para cometer adulterio.

πορνεία **porneia - fornicación.** Porneia tiene un significado muy amplio y abriga los siguientes significados: -Cualquier tipo de relación sexual ilícita incluyendo: el incesto, el homosexualismo, el lesbianismo, las relaciones intimas con animales, las relaciones sexuales con una persona casada. -También porneia significa la vinculación con la idolatría y la comida ofrecida a los ídolos.

-Porneia significa también prostitución y pornografía.

ἀκαθαρσία **akazarsia – inmundicia.** Se refiere a la inmundicia física y moral. Es cuando una vida está llena de bajas pasiones y deseos carnales. Tener motivos impuros.

εἰδωλολατρία **eidololatria – idolatría.** Esta palabra también se refiere a la avaricia y el amor al dinero.

φαρμακεία **farmakeia – Hechicerías.** Con respecto a esta traducción hay varios datos interesantes que no tienen que ver con la palabra hechicería que conocemos hoy. La palabra original en el griego que fue usada aquí es FARMAKEIA.

Vamos a detenernos aquí para describir y enseñar de manera exhaustiva el significado de dicha palabra griega.

"Pero los cobardes e incrédulos, los abominables y homicidas, los fornicarios y **hechiceros (farmakeia)**, los idólatras y todos los mentirosos tendrán su parte en el lago que arde con fuego y azufre, que es la muerte segunda». Apocalipsis 21:8

"Luz de lámpara no alumbrará más en ti, ni voz de esposo y esposa se oirá más en ti, porque tus mercaderes eran los grandes de la tierra y por tus **hechicerías** fueron engañadas todas las naciones."Apocalipsis 18:23

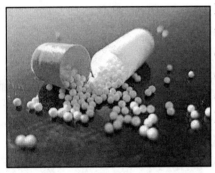 Farmakeia se refiere al uso o administración de drogas. Una droga es cualquier sustancia química, diferente de los alimentos que afecte el funcionamiento y la estructura del organismo. No se refiere tanto a medicamentos en si, si no a la adicción que se crea al tomar cierto medicamento o droga. Se habla de dependencia o adicción cuando el efecto de una droga modifica o cambia el estado del organismo de tal manera que la misma tiene que ser consumida constantemente. La diasepan, o la heroína en algunos países se usa en caso de dolor extremo, pero una persona sana, no tiene por qué caer bajo su estupor, perdiendo su libre albedrío y pudiendo llegar a ser dominado por cualquier ente exterior.

Existen también calmantes y relajantes, tan peligrosos como la heroína y el opio.

Dios nos da varios ejemplos en la Biblia, que muestran que El a veces usa medios tangibles para sanar, como en 2 Reyes 20:7 en donde el profeta usa una masa hecha de higos. o en 1Tim.5:23 en donde Pablo le aconseja a Timoteo usar de un poco de vino como medicina. *"Todo me es lícito y permitido, pero no todo me conviene".* En el original leemos de la siguiente manera: *"Todas las cosas me son lícitas pero no todas las cosas me dejan ganancia. Todas las cosas me son lícitas pero yo no seré llevado bajo el poder de ninguna de ellas."* 1 Corintios 6:12.

Farmakeia es el uso deliberado de cualquier sustancia que cree adicción. La nicotina, por ejemplo, es el compuesto químico más característico del tabaco. Es un alcaloide que se encuentra únicamente en esta planta; es la sustancia química que condiciona la reacción fisiológica específica sobre el organismo del fumador.

Es la responsable de provocar la adicción por el cigarrillo. Es de advertir que la mayoría de las sustancias que producen hábito (condición resultante del consumo repetido de una droga), han provenido de las plantas. Incluyen productos químicos tan relativamente inocuos como la cafeína del té, café y cacao así como drogas tan poderosas como la cocaína de las hojas de coca y la morfina y heroína sacada del opio. El café al igual que el alcohol es una droga aceptada en nuestra sociedad. El café contiene un ingrediente llamado cafeína que es un estimulante del sistema nervioso central. La cafeína proviene de diversas fuentes en especial del café, el té, la hierba mate y del guaraná. Puede llegar a provocar nerviosismo, insomnio, problemas estomacales y arritmias cardíacas. El café produce adicción y dependencia psicológica. Las bebidas como el Té, el Café o la Coca-Cola contienen cafeína, el estimulante más extendido de occidente.

Farmakeia se refiere además a sustancias venenosas. Médicamente: cualquier sustancia que entre al cuerpo y que cambie su funcionamiento o afecte su función, y que cause una enfermedad: es un veneno. Gran cantidad de enfermedades físicas y mentales habituales están relacionadas con el consumo del azúcar "blanca" refinada. ¿Cuándo una comida es alimento y cuándo veneno? El doctor Dr. William Coda Martin en 1957 clasificó al azúcar refinada como veneno porque carece de toda fuerza viva, vitaminas y minerales. El azúcar refinada es letal para el hombre porque suministra únicamente lo que los nutricionistas describen como calorías "vacías" o "desnudas". Carece de los minerales naturales presentes en el azúcar de caña.

Farmakeia se refiere también a los alucinógenos y otras drogas en general. La cocaína, la marihuana, los inhalantes, el éxtasis, el LSD, el alcohol. ¿Qué tiene que ver todo esto con la intimidad, el sexo y el matrimonio?

Muchísimo, ya que en nuestra sociedad, el uso de estas drogas es "lícito" y aceptado, y hasta a veces requerido para iniciar el romance en la pareja, produciendo efectos dañinos y permanentes. Por ultimo, Farmakeia es también el uso de encantamientos y palabras mágicas a la hora de administrar un medicamento a alguien. Envenenamiento. El uso de ciertos inciensos como el *kyphi*, un compuesto psicoactivo que se utilizaba en ritos y ceremonias y que es mencionado en los papiros egipcios de magia de época helenística, entran también dentro de esta descripción. La planta *sammu ilu* es también muy dañina. Esta aparece en los textos acadios de magia y brujería, y que usada en muy pequeñas dosis produce parálisis sensorial, pérdida de visión y de memoria, y alucinaciones terroríficas, mientras que en dosis más altas resulta un potente veneno que puede causar la muerte. Era la planta utilizada por los griegos en la adoración de Artemis-Hécate, de donde procede el nombre del género. Pablo se enfrentó a este tipo de brujería en Éfeso. La brujería antigua y el espiritismo moderno tienen mucho en común. Juan incluye la hechicería entre los pecados de los que finalmente quedarán excluidos de la presencia de Dios (Apocalipsis 21: 8; Cf. cap. 9: 21; 18: 23).

1-φαρμακεία (farmakeia, "conjuros") ver: L&N 53.100: "el uso de magia a menudo relacionada con drogas y encantamientos dichos sobre la gente – φαρμακεία: Εν τη φαρμακεία σου επλανηθησαν πάντα τα εθνη " © 2005-2008 bible.org.
2-Preparación y aplicación de medicina usando magia o encantamientos, método usado especialmente en naciones no civilizadas.
3-El uso y aplicación de drogas (Thayer, pag 649)
4-Los textos antiguos V: Inciensos, pócimas y hongos psicoactivos -HARER, W. B., "Pharmacological and Biological Properties of the Egyptian Lotus", *Journal of the American Research Center in Egypt*, 22, 1985, pp. 49-54. "Nicotine addiction has historically been one of the hardest addictions to break." The pharmacological and behavioral characteristics that determine tobacco addiction are similar to those that determine addiction to drugs such as heroin and cocaine."
5-Las Drogas y su trampa mortal, por Raúl Víctor Chávarri [Documento en línea]. Disponible en: http://www.monografias.com/
6- El azúcar y la salud. Extraído de Nexus Magazine, Volumen 7, Número 1, Diciembre 1999 - Enero 2000. Del libro de William Duffy "Sugar Blues"

ἔχθρα – **Ejthra enemistades**

ἔρις – **Eris pleitos.** Se refiere a contenciones, luchas y discusiones

ζῆλος – **celos** se refiere a la envidia y a la rivalidad contenciosa

θυμός – **Zumos iras.** Quiere decir: enojo repentino que sube como la espuma y luego se aplaca de nuevo. También se refiere a la indignación que se levanta y se intensifica.

ἐριθεία – **Erizéia contiendas** se diferencia de los "pleitos" arriba mencionados en que incluye las siguientes características: alguien que utiliza la intriga para lograr una posición. Además, el deseo de alguien de colocarse por delante de los demás, teniendo un espíritu (actitud) partidista. Sectarismo.

διχοστασία – **dijostasía disensiones** se refiere a la actitud de causar división.

αἵρεσις – **Jáiresis Herejías** Significando lo siguiente: un curso elegido de pensamiento y acción; una opinión que varía de la exposición verdadera de la fe cristiana. Grupo de personas que se separan de otros y siguen sus propios principios [una secta o partido]

φθόνος – **Fzónos envidias** herida y resentimiento debido al éxito del otro.

φόνος - **Fónos Homicidios**

μέθη – **Méze Borracheras** Se refiere al consumo de cualquier bebida intoxicante.

κῶμος **komos Orgías** Su significado es mucho más amplio de lo que conocemos. Se refiere a las juergas y tertulias. Una orgía se refería a una procesión nocturna y amotinada de amigos semi-borrachos que después de cenar caminaban por las calles con antorchas y música en honor a alguna otra deidad, y cantaban y jugaban frente a las casas de sus amigos y amigas. Un uso más reciente se refiere a las fiestas prolongadas nocturnas donde se bebe alcohol y que duran hasta tarde por la noche.

"..y cosas semejantes a estas; acerca de las cuales os amonesto, como ya os lo he dicho antes, que los que practican tales cosas no **heredarán** el reino de Dios (*no serán parte de él*).." Gálatas 5:21

"Mas el fruto del Espíritu es amor, gozo, paz, paciencia, benignidad, bondad, fe, mansedumbre, templanza; contra tales cosas no hay ley. Pero los que son de Cristo han crucificado la carne con sus pasiones y deseos" Gálatas 5:24

Debemos arrepentirnos de la práctica de estas obras de la carne. Tomar la decisión de cambiar es el comienzo del proceso de Dios en nuestra vida. Analicémonos y reconozcamos nuestras faltas. Tengamos matrimonios de éxito que agraden a Dios!

Capítulo Seis

Evitando la Infidelidad

Qué es la infidelidad
Causas de la infidelidad conyugal
Consejos para los varones
Consejos para las esposas
Resultados de la infidelidad
Razones únicas para no tener relaciones sexuales

Evitando la Infidelidad

La Infidelidad: es pecado. En **Juan 8: 10, 11 Jesús dice: "Vete y NO PEQUES MAS".**

La infidelidad técnicamente implica una traición, un engaño por parte de uno de los integrantes de la pareja. No necesariamente es sexual. Puede terminar en un acto sexual, pero en realidad comienza en la mente de una persona insatisfecha.

La infidelidad en la pareja cristiana comienza con la infidelidad a Dios. La persona pierde el temor de Dios y luego cede a la tentación. La persona infiel es seducida por sus propios deseos carnales que afloran por la falta de oración y de comunión con el Señor. Si no eres capaz de ser fiel a una persona que ves físicamente, ¿Cómo podrás ser capaz de ser fiel a Dios a quien no ves?

¿Por qué sucede la infidelidad? La infidelidad es producto de la acumulación de insatisfacciones pequeñas y progresivas, que culminan con la monotonía en la relación, desencadenando en la deslealtad y deserción de alguno de los cónyuges. La infidelidad sexual, por ejemplo, no se produce por un impulso momentáneo; se trata de un proceso donde se han acumulado desilusiones y al final se encuentra una "salida" a esa desilusión.

Es interesante ver como la palabra "fiel" en griego Koiné es **pistos**, que proviene de **pistis**: fe.

Literalmente la persona fiel es la que es honrada, creíble, dócil, segura, genuino, firme y verdadera. En el diccionario Griego la palabra pistis implica: fe, confianza, garantía, compromiso y pacto.

Cuando una persona es reforzada emocionalmente por su pareja, su nivel de compromiso y pacto se eleva, debido a que su fe en la pareja es inconmovible.

Causas que conllevan a una infidelidad

Existen varias condiciones que promueven el ambiente perfecto para que se lleve a cabo una infidelidad en la pareja. A continuación delimitaremos estas causales con el fin de identificarlas antes de que se sea demasiado tarde.

1– Prestar atención desmedida a alguien que no sea su pareja. Evite pasar tiempo innecesario con alguien del sexo opuesto. Sea sabio. La naturaleza humana tiende a comparar una persona con otra, y generalmente los esposos terminan comparando lo que no tienen con lo que tienen en casa. Generalmente se empieza de una manera muy ingenua e infantil; por medio de la internet, de mensajes de texto, llamadas ocasionales, visitas, frecuentando lugares de interés, etc. Si usted va al gimnasio y desea tener un entrenador, escoja a alguien del mismo sexo. Lo mismo que si pide oración, pídale a alguien de su mismo sexo que ore e interceda por usted. Una señal de alerta es cuando la persona comienza a compartir cosas con alguien más que no es su cónyuge. Cuando se revelan secretos, frustraciones o detalles muy personales, se crean vínculos emocionales que pueden hacer daño intenso a la relación matrimonial.

Comparta con otras personas de manera pública y abierta. Débora (la profetisa y jueza de Israel) se sentaba bajo una palmera para dar consejo legal y palabras a la gente. (Jueces 4) Ella escogió un lugar abierto y público, a la vista de todos, para evitar situaciones vergonzosas que pudieran afectar su relación matrimonial con Lapidot. Algo muy admirable en Débora era su fidelidad hacia su esposo. Débora estaba casada con un hombre cuyo nombre significa: antorcha. Cuentan los rabinos, que Débora apoyó a su esposo de tal manera que el se convirtió en un erudito en el templo. El brillaba y le daba cobertura. Ella era una mujer sujeta y fiel, por lo que Dios le pone en autoridad. Como esposa de Lapidot, Débora ponía fieltros a las lámparas del santuario, que eran confeccionadas por Lapidot de manera tan grande que parecían antorchas. [1]

Jesús, por ejemplo, nunca estuvo a solas con una mujer en privado. El todo lo hacía de manera pública. Juan 4:9 cuenta cómo Jesús estando cansado del camino, se sentó junto a un pozo y comenzó a hablar con la mujer samaritana. El no la buscó, sino que ella fue a sacar agua a ese pozo. No pasó mucho tiempo antes de que Jesús

---

[1] Enciclopedia Judía

le pidiera que trajera a su marido. Este es un gran ejemplo a seguir. Siempre llame un testigo y nunca ministre a alguien a solas. Cierre la puerta a situaciones de las cuales usted se podría arrepentir más a delante. La infidelidad muchas veces empieza como una relación inocente que termina alcanzando una profundidad emocional que cruza la línea de la fidelidad.

2- Invertir tiempo valioso fuera de su hogar. Un matrimonio se fortalece entre más tiempo de calidad tiene la pareja. Cuando la pareja está unida, y existe cercanía, no caben terceros en dicha relación. Entre más distantes estén el uno del otro, mayor posibilidad de que un intruso invada su terreno. Saque tiempo con su pareja. Salgan juntos, diviértanse, compartan, rían juntos. Tengan planes juntos. Acostúmbrese a tener una cita especial de vez en cuando con su pareja. Recuerde que su pareja es su prioridad después de Dios.

3- Concentrarse en el punto negro. Imagínese una mancha negra de un centímetro de circunferencia en el centro de una hoja en blanco. Lo primero que uno tiende a mirar es la mancha en el centro de la hoja; pero ¿qué es más grande? Por supuesto que la hoja en blanco. Muchos de nosotros pasamos pensando en las cosas negativas que nuestros cónyuges hacen, sin percatarnos que hay cosas buenas que hacen que son mayores. La mancha negra no debe ser tan importante.

Si todo el día está pensando en los defectos de su cónyuge, y si el tiempo que dedica a pensar en él o ella se centra en defectos y reproches, es fácil que cualquier otra persona pueda parecerle mejor y le atraiga. Haga una lista por escrito de los puntos fuertes que realmente todavía le atraen de su pareja y aumente la frecuencia de animar y apoyar tales actitudes y disminuya las críticas.

4– Hacer uso de comparaciones. La naturaleza humana tiende a hacer uso de comparaciones. Mi casa en comparación con la tuya, mi familia en comparación a la de alguien más. Mi cónyuge comparable al cónyuge de alguien más. Estas comparaciones no son justas, debido a que las acciones y actitudes de alguien no se pueden medir como verdaderas cuando esa persona está en un ambiente ajeno al que siempre se desenvuelve. Generalmente la gente compara lo que "ve" en otros con lo que "falta" en ellos o en su cónyuge. Sin embargo, hay situaciones que no se ven, que son más peligrosas y dañinas. Una persona no debe impresionarte por como actúa, sino en como reacciona. Todos son muy buenos actores cuando se trata de impresionar a alguien, pero si pusiéramos a esa persona "perfecta" en la turbulencia diaria de nuestro matrimonio actual, de seguro reaccionaría de manera inesperada. Al recién llegado no lo estamos viendo en su mundo real. Es injusto comparar a nuestros cónyuges con alguien más que no está viviendo con nosotros. Una cosa es verle en un ambiente neutral y sin presiones a convivir con el.

Muchas personas te preguntarán lo mismo que a la esposa de Cantar de los Cantares: "¿Qué es tu amado, más que otro amado?" y tu debes contestar: "Mi amado es señalado entre diez mil" *Cantar de los Cantares 5:9*

5- Creerse muy fuerte. La palabra de Dios dice: en 1 Corintios 10:12 "así que el que piensa estar firme mire que no caiga". No crea que es lo suficientemente fuerte como para lidiar con las situaciones de su matrimonio usted solo. Muchas personas pensaron "eso jamás me va a suceder a mi", y bajaron la guardia, subestimando a su cónyuge y pensando "nadie se fijaría en el o ella... o el jamás se fijaría en otra". El enemigo siempre propiciará situaciones perfectas para desarrollar una infidelidad. Esté atento a las necesidades de su cónyuge siempre.

6- Caer en el engaño de la edad mediana. Muchos hombres y mujeres cuando alcanzan los 30 y los 40 años se sienten retados a buscar aventuras y propician encuentros y charlas con otros que les atraen y hacen sentir "como al principio". Sencillamente porque piensan que la edad se les está cayendo encima y se sienten "viejos". Algunas mujeres no se sienten deseadas por sus esposos ni valoradas, por lo que cualquier hombre que venga y comience a decirle piropos y cumplidos, se convertirá en el nuevo objeto de admiración. Esto es muy común en la sociedad, y lamentablemente cada vez es más común dentro del ámbito cristiano.

Algunos de los casos típicos que llevan a la infidelidad, según el autor Antonio Vázquez en su libro **Matrimonio para un tiempo nuevo,** son los siguientes:

• Cuando el trato con la secretaria traspasa los límites de la relación profesional para situarse en el primer tramo de la intimidad: cuida nuestras medicinas, nuestra ropa; hace compras personales; conoce al detalle nuestra vida personal; se prolongan las conversaciones a puerta cerrada. En definitiva, se está abriendo un cerrojo en el corazón que poco a poco queda indefenso.

• Los viajes profesionales dejan muchas horas en blanco sin otra ocupación que dejar dormir el alma y despertar los sentidos. Se busca compañía y entretenimiento mientras se pasa el rato en el bar de un hotel.

• Asumir el papel de consolador o ´paño de lágrimas´ puede dejar a alguien desconsolado para siempre.

Consejos para los varones

• No ignorar los comentarios de la esposa en cuanto a sus sentimientos de soledad o frustración.

• Ser sincero con la esposa y decirle de las tentaciones o situaciones que está afrontando.

• Nunca aconsejar a una mujer a solas.

• Tener confianza y honestidad con otro hombre que pueda ayudarlo a mantenerse en línea con respecto a lo que está sintiendo.

Tener a alguien más a quien darle cuentas (pastor,

amigo)

- No dejar que otra persona ocupe el lugar que le corresponde a la esposa.
- Reconocer que todo hombre necesita sentirse reconocido, respetado, valorado y con necesidad de aprobación. Tener cuidado de que no sea alguien más quien supla esto.

Consejos para las esposas

- Estar al tanto de los cambios hormonales, emocionales y premenstruales que pueden afectar la personalidad y la conducta en el matrimonio.
- Tener confianza en decirle al marido cuando alguna situación le hace sentir vulnerable o frustrada.
- Saber que todas las mujeres necesitan aprobación y que alguien más podría brindarla.
- No ligarse emocionalmente a alguien más que no sea el esposo. En el sentido de brindarle más atención o reconocimiento emocional a dicha persona.
- Compartir con el esposo acerca de las tentaciones que puede estar teniendo.
- No permitir que la desolación o soledad toquen a la puerta. Busque amistades de valor, que puedan decirle la verdad tal cual es. Dichas amistades le guardarán y protegerán de cometer una locura.

Sentimientos que aparecen después de una infidelidad

La primera reacción es **el enojo**. La victima se siente decepcionada y desilusionada pues jamás pensó que algo así sucedería. Más adelante aparece un sentimiento de **impotencia**, porque se da cuenta que no hay nada que pueda hacer para evitar lo que está sucediendo. Pudo haber hecho algo, pero no tomó acción, creyendo que su pareja jamás actuaría de esa manera.

Más adelante viene la **pérdida de la autoestima**, la culpabilidad y el orgullo herido. La víctima se siente deprimida, y piensa que su mundo se ha acabado.

El próximo paso emocional que aparece luego es **la etapa de elaborar el duelo.** La persona se conforma a la pérdida y toma decisiones basadas en esa conformación.

Después se lleva a cabo un **desenlace**, donde se perdona y se decide seguir con esa pareja o si de lo contrario, se escoge seguir caminos separados.

Los resultados de una infidelidad son muy dolorosos y fuertes. Muchos sucumben a esto, y hasta se enferman. Sólo Dios puede ser capaz de sanar esa alma herida.

Algunos de estos resultados son:
- dolor profundo en el alma que tarda en sanar
- Culpabilidad
- falta de reconocimiento del pecado (se endurece el corazón)
- nos pone a la puerta de la tentación
- pérdida de la confianza

Resultados en la persona infiel: El infiel en la mayoría de los casos se siente culpable, despreciable, confuso, con miedo, vergüenza, atado de manos, arrepentido, aliviado de que se haya descubierto todo, resignado a la decisión que tome la pareja.

¿Qué hacer?

Para poder superar el dolor de una infidelidad, es necesario llevar a cabo los siguientes pasos que nos enseña la palabra de Dios. Primero que todo, la persona debe desistir. Desistir es dejarlo todo en las manos de Dios, renunciando a la venganza. Romanos 12:19 dice: "mía es la venganza, yo pagaré dice el Señor". Usted debe dejar a su cónyuge en paz y despegarse de la situación. Entre más le persiga y condene, más se alejará de usted. Para eso usted debe aprender a resistir y abstenerse de castigar. La naturaleza del ser humano le hace tomar represalias y venganza en contra de quienes nos han hecho daño. La paciencia viene a ser el ingrediente primordial en este caso, aprendiendo a afrontar la situación y a canalizar las emociones. Además, la persona que ha sido engañada tiene que tomar la decisión de "soltar" el episodio. Apartarse del recuerdo es una decisión difícil pero necesaria. Hay que rehusarse a permanecer en el asunto. Decidir no atormentarse pasando por la mente el mismo episodio. El olvido consciente significa abandonar voluntariamente la práctica de obsesionarse; es tomar distancia, sin mirar hacia atrás. Es lo que conocemos como "perdonar de corazón". Este acto consiste en abandonar la deuda. Es una decisión sensata de dejar de albergar resentimientos, lo cual incluye renunciar a la determinación de desquitarse. Olvidar es un anhelo activo, no pasivo.

Si no llevamos a cabalidad estos pasos, el dolor de la herida acrecentará y se profundizará, produciendo daños irremediables en la relación de pareja.

Dar una oportunidad a la relación de sanar, madurar y restaurarse, es un proceso que lleva tiempo. Recuperar la confianza es el paso más difícil y no se logra de la noche a la mañana.

Dos razones únicas para no tener relaciones sexuales

Solo hay dos razones en la Biblia, por los cuales una pareja debe abstenerse de tener relaciones sexuales.

La primera razón la encontramos en el Antiguo testamento en el libro de Levítico 15:19. Y es cuando la mujer se encuentra durante el ciclo menstrual.

Tener relaciones sexuales durante la menstruación no es un asunto de salud, es un asunto espiritual. Aunque no exista ninguna prueba física que demuestre que el mantener relaciones sexuales durante el período menstrual de la mujer es dañino para la salud, si existen motivos espirituales. El primero y más importante es que Dios dice: NO. Punto.

Muchos piensan que como fuimos redimidos de la maldición de la ley, no deberíamos acatar esta ley como ninguna otra en el Antiguo Testamento. Por eso, este (como otros asuntos) son un asunto de conciencia y deben ser discutidos en pareja. En la Biblia, la sangre es considerada como algo sagrado y respetable. Lo leemos en Levítico 17:11: "porque la vida de la carne en **la sangre** está". Hechos 15:29 dice también: "que os abstengáis de lo sacrificado a ídolos, **de sangre,** de ahogado y de fornicación; si os guardáis de estas cosas, bien haréis."

Otro motivo para evitar las relaciones durante la menstruación es que la mujer es considerada "impura" durante ese período, y su cuerpo no está del todo limpio. La menstruación es la manera natural que el cuerpo femenino utiliza para desechar lo que fue acumulado en el vientre en caso de que hubiera un embarazo. El cuerpo se auto-limpia por medio del período menstrual. Esta etapa también es una manera natural de "esperar"; algo así como una tregua entre ambos esposos, que ayuda a mantener viva la llama del deseo sexual en el matrimonio.

La segunda razón por la cual una pareja puede abstenerse de tener relaciones sexuales es durante un período de oración y ayuno (I Corintios 7:5) y de mutuo acuerdo. Pasado este tiempo, la pareja inmediatamente debe juntarse para no se tentados por el enemigo.

Capítulo Siete

Llenando el Tanque del amor

Qué es el tanque del amor
¿Cómo se llena el tanque?
El poder del toque
El poder del dar
El poder del tiempo de calidad
El poder de las palabras
El poder del servicio

El Tanque del amor

 Todos tenemos un motor que impulsa nuestro AMOR en la pareja. Ese motor necesita combustible.

A nivel automotriz generalmente hay dos tipos de combustible para los automóviles: la gasolina y el diesel.

Gasolina vrs Diesel:

La diferencia principal entre estos combustibles es la proporción de combustión con la cual cada uno explotará. La gasolina por ejemplo, no se auto-enciende porque no genera suficiente calor. El diesel, por otra parte, no requiere de una bujía que lo encienda porque genera bastante calor.

Podemos comparar el tanque de gasolina al de las mujeres y el tanque de diesel al de los hombres. Ambos, son muy diferentes; se comportan diferente y reaccionan distinto. El hombre y la mujer se complementan el uno al otro. Su mecanismo emocional, mental y físico está diseñado de manera muy distinta. Incluso sus cerebros son diferentes.

Función cerebral distinta

Una de las diferencias más notables entre el hombre y la mujer radica en la manera de estimar el tiempo, la velocidad de las cosas, la realización de cálculos matemáticos, la orientación espacial y la capacidad de visualizar objetos en tercera dimensión.

La manera en que su cerebro procesa el lenguaje también difiere.

Por otro lado, las mujeres son mejores que los hombres en las relaciones humanas, así como en la sensibilidad de reconocer necesidades emocionales. También, la mujer es más sensible en su apreciación artística y estética. La mayoría de las mujeres planean sus actividades con anticipación y pueden recordar una lista de cosas mejor que los hombres.

Estudios recientes muestran diferencias neurofisiológicas entre el cerebro de los varones y las mujeres. En la corteza cerebral hay una región llamada lóbulo parietal inferior que es significativamente más grande en los hombres que en las mujeres. El lado izquierdo del lóbulo parietal en los hombres es más grande que el derecho. En ese lugar se encuentran las habilidades matemáticas, la atención selectiva y la percepción. Por eso las mujeres tienden a enfocarse y concentrarse más que los hombres. En ese lado izquierdo está la percepción del tiempo, velocidad y espacio.

En el caso de las mujeres, el lóbulo frontal y temporal (relacionado con el lenguaje) es más grande.

El cerebro de la mujer procesa el lenguaje verbal simultáneamente en los dos hemisferios del cerebro mientras que los hombres tienden a procesarlo solamente en el lado izquierdo.

Sin embargo, existen excepciones. Existen mujeres que son excelente matemáticas y hombres excelentes comunicadores.

¿Qué es lo que llena el tanque del amor en ambos sexos?

Dios creo al hombre y a la mujer de manera perfecta. Los hizo de tal manera para que pudieran complementarse.

El tanque del amor en el ser humano varía de una persona a otra, dependiendo si es hombre o mujer.

El tanque del amor masculino

El primer ingrediente en el tanque del amor masculino es el respeto. "Por lo demás, cada uno de vosotros ame también a su mujer como a sí mismo; y la mujer **respete** a su marido." Efesios 5:33

Muchos hombres viven frustrados porque no se sienten respetados ni amados por sus mujeres y lanzan su frustración en contra de sus esposas. Por eso Dios dijo a las mujeres que respetaran a sus maridos y se sujetaran a a ellos. Por eso a ti mujer, queremos decirte hoy que respetes y valores a tu marido. Haz una lista de las cosas buenas que el hace y concéntrate en ellas en lugar de darle más importancia a los aspectos negativos que el tenga. Sea una mujer sabia. No provoque a ira a su marido. Recuerde: la palabra amable calma la ira.

El segundo ingrediente necesario para llenar el tanque del hombre es el amor. A la mujer no se le dice directamente: "Mujer ama a tu marido" más bien se le instruye "mujeres sujétense a sus propios maridos". Alguien podría tomar esto como una excusa para que la mujer no brinde la benevolencia debida a su pareja. "La benevolencia debida" o el "debido trato". ¿Cuál es entonces el debido trato? Si buscas con nosotros en el libro de Tito Capítulo 2, versos 3 y 4 encontraremos que a las mujeres maduras se les ha dado instrucción de convertirse en *maestras de bien* para enseñar a las mujeres más jóvenes <u>a amar</u> a sus maridos. En este pasaje está bien claro que las mujeres deben aprender a amar a sus maridos. Sin embargo, el tipo de amor que aquí se habla NO es ágape. Cuando se lee "amar a sus maridos" el verbo que aparece allí es **FILANDROS**. Es un amor diferente y exclusivo. Ella debe tener amor ágape para su pareja, pero también aprender a desarrollar un amor FILANDROS. Este tipo de amor es el que un esposo espera a cambio. Por eso vamos a analizar lo que este tipo de amor significa en el griego.

FILANDROS: Se nombra una sola vez en el Nuevo Testamento. Es el amor afectivo de la esposa hacia el marido con referencia al sexo también. Proviene de la raíz FILOS que denota ser amigable y desear bien al marido. Es un amor de amiga, asociada y compañera. Literalmente es "la amante del esposo". La mujer tiene que aprender a convertirse en una amante o aficionada de su marido. Es ser la porrista o aficionada número uno del esposo. Antes que cualquiera le haga comentarios positivos a su esposo, lo halague y anime, usted es la que debe ser la primera en hacérselo saber. En resumen FILANDROS es ser amiga, esposa y amante del marido. El área sexual es muy importante para el varón, por eso Dios, a través del apóstol Pablo, escogió otro verbo diferente para denotar el tipo de amor de la mujer hacia el hombre.

El tercer ingrediente en el tanque del esposo es la sujeción. La sujeción es diferente de la obediencia. La obediencia se aprende, pero la sujeción se decide. El término sujetarse (_*giupotasso*, ὑποτάσσω) significa someterse bajo el amparo de alguien voluntariamente. Es una actitud voluntaria de rendirse, cooperar y asumir responsabilidad. Es el acto voluntario de querer ayudar llevando una carga. Es el querer obedecer y sujetarse al consejo y guía de otro. Una mujer sujeta, hace feliz a su marido.

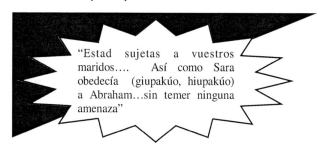

"Estad sujetas a vuestros maridos.... Así como Sara obedecía (giupakúo, hiupakúo) a Abraham…sin temer ninguna amenaza"

Sara obedecía a Abraham. Es decir: escuchaba atentamente lo que él decía. Ella estaba cuidadosamente atenta a sus necesidades.

La palabra aquí denota escuchar muy atentamente siguiendo instrucciones. Como cuando una persona se acerca a la puerta para escuchar quien está llamando. El problema actual es que ya las esposas no saben escuchar a sus maridos ni están atentas a la visión que Dios ha depositado en ellos. Por eso no la llevan a cabo ni la siguen.

La palabra griega **GIOPOTASSO** se refiere a un acto completamente voluntario. Es una decisión que el individuo toma de adherirse y agarrarse firmemente bajo el amparo de algo o a alguien. Una mujer se sujetará a un marido que también rinda cuentas y se sujete.

Varón, Por qué no te haces estas preguntas: ¿A qué te estás sujetando? ¿de dónde estás adherido? ¿a quién le das cuentas? ¿estás sujeto a tus esquemas culturales y no a los principios del reino de Dios?

La mujer, sin importar si su esposo es creyente o no, debe decidir cooperar y asumir responsabilidad de esposa. Sujetarse es el acto voluntario de querer ayudar llevando la carga.

Por supuesto que la mujer se someterá en todo aquello que no vaya en contra de la palabra de Dios. Es más, la Biblia nos enseña que muchos maridos pueden ser ganados por la conducta de sus esposas y el testimonio que muestren en su hogar.

El tanque del amor femenino

El tanque femenino debe ser llenado con ingredientes específicos, y la Biblia brinda el consejo exacto para cada cónyuge.

Primero, la Biblia amonesta al marido a *amar* a su mujer y a no ser *áspero* con ella.

Cuando se le amonesta al marido a no ser áspero con su esposa, la palabra que aparece aquí viene de la raíz griega: PIKROS. Significa ser amargado, rudo, áspero, cruel. Exasperar, herir.

En el contexto del versículo significa: producir un sabor amargo en el otro. Tratar con enojo y amargura. Causar una gran pena. Hacer llorar sin razón alguna. Parte del deber conyugal es NO CAER EN EL ABUSO NI LA VIOLENCIA DOMESTICA. Y si este es tu caso, queremos ser portadores de parte de Dios que dice que lo que haces está mal, que es pecado y está totalmente en contra de lo que la palabra de Dios nos enseña. Si ese eres tu, ARREPIENTETE.

El primer ingrediente que una mujer necesita en su tanque es la bondad. Un marido amargo, destruirá su relación matrimonial fácilmente.

En Efesios 5:28 dice: Así también los maridos deben amar a sus mujeres como a sus mismos cuerpos. El que ama a su mujer, a sí mismo se ama.

El amor del esposo hacia la esposa

El segundo ingrediente que el tanque del amor de la esposa debe llevar es EL AMOR.

El tipo de amor con el que Dios espera que los esposos amen a sus esposas es el amor ágape. **AGAPAO** es el verbo que se utiliza en este pasaje y en los que se refieren al amor entre un esposo hacia la esposa.

El amor ágape aparece más de 147 veces en el Nuevo testamento, como verbo o acción y como sustantivo. Implica amar en sentido social y moral. Es tener afecto o benevolencia. La disposición de hacer el bien en un acto de bondad. Tener caridad.

Este es el tipo de amor del que habla 1 Corintios 13. Es el amor de Dios. Por eso Dios pide que los maridos amen a sus esposas como Cristo amó a la iglesia y se entregó a sí mismo por ella. El esposo, debe ser benevolente y cariñoso. Muchas veces tenemos más misericordia con otros que con nuestro propio cónyuge.

Hay hombres que se comportan más comprensivos y hasta más caballerosos con otras mujeres que no son sus esposas. Esta no es la voluntad de Dios.

Marido, toma la decisión de amar a tu mujer como lo dice 1 de Corintios 13, con un amor que todo lo cree, todo lo soporta.

El amor ágape es sufrido, es benigno, no tiene envidia ni egoísmo. No tiene celos, no busca lo suyo ni es un amor controlador. Es paciente, no es orgulloso, no se comporta con rudeza, y no guarda rencor.

Seguridad y liderazgo

El tercer ingrediente en el tanque del amor de la esposa es la seguridad y el liderazgo por parte del marido.

Una mujer se sujetará a un marido que también rinda cuentas.

El marido debe sujetarse a una cabeza espiritual, para rendirle cuentas, pedir consejo y guía. El marido, como cabeza, primero debe estar sujeto. Como líder espiritual de su hogar, el esposo debe seguir un modelo. Por supuesto nuestro modelo es Cristo, claro que sí, pero demostramos nuestra sujeción a Cristo a través de nuestra sujeción a otros.

Todo líder debe tener a otro líder a quien seguir. En el reino de Dios no hay llaneros solitarios. Por eso queremos compartir este pasaje en 1 de Corintios 16 con todos los varones que leen este escrito:
"Vigilen, estén firmes en la fe; pórtense varonilmente, y y esfuércense. Todas sus cosas sean hechas con amor. Hermanos, <u>les ruego que se sujeten a personas</u> como la familia de Estéfanas que se ha dedicado al servicio de los santos, y a todos los que ayudan y trabajan."

Este pasaje enseña específicamente que el hombre varonil NO es un machista. El hombre varonil lo demuestra sujetándose a otros. Pablo amonesta una y otra vez al varón a que tome su lugar como líder, sujeto a otro líder.

En Hebreos 13:17 también nos manda el Señor: "Obedezcan a sus pastores, y **sujétense** a ellos; porque ellos velan por vuestras almas, como quienes han de dar cuenta; para que lo hagan con alegría, y no quejándose, porque esto no os es provechoso." Si deseamos honrar a Dios, debemos aprender a honrar a los hombres que Dios ha puesto como líderes espirituales sobre nosotros.

Sin sujeción, no hay honra. Si no nos sujetamos, deshonramos a Dios. Si un marido no se sujeta a su líder espiritual (quien es la representación de Dios en la tierra) tampoco se sujetará a un jefe, ni a las leyes de un país, ni mucho menos a Dios.

Un marido que se sujeta a sus líderes espirituales, puede esperar que su esposa se le sujete, y que sus hijos le obedezcan. La sujeción no es un acto forzado. El esposo no puede ser forzado a sujetarse a una autoridad. Sino que él debe decidir sujetarse a dicha autoridad. Dios espera que todos nosotros como creyentes tomemos la decisión correcta de sujetarnos. Un marido tampoco puede hacer que su esposa se le sujete. La Biblia no dice: maridos sujeten a sus esposas. Son las esposas quienes deciden ponerse bajo el amparo de sus esposos.

Cuidado, Protección y Guía

También, El marido debe honrar a su esposa como a vaso más frágil, sabiendo que él mismo es también un vaso frágil, pero que su esposa es más frágil. En el original **1 de Pedro 3:7** dice: *que el marido debe asignarle a su esposa:* **honor, valor, precio, estima, consideración, distinción, función y autoridad** *como también a coherederas* *de la gracia de la vida, a fin de que no sean estorbadas las oraciones de ambos.*

Muchas veces no es la mujer quien no quiere sujetarse o cooperar con las labores junto con su marido, sino que el propio marido no le ha dado ese puesto o función de autoridad con el fin de que ella se desempeñe eficazmente. Si el esposo no estima las cualidades o talentos de su compañera, no tendrá una aliada o asociada, sino una persona frustrada al lado.

El hombre como cabeza

Leemos en Efesios 5:23 que el marido es la cabeza de la esposa, como Cristo es la cabeza de la iglesia. Y queremos hacer un alto aquí para explicar este concepto tan malentendido. En español la palabra *cabeza* tiene dos significados entrelazados: la cabeza física del cuerpo de alguien o el líder de un cuerpo de gente. Pero en el griego existen dos palabras diferentes y distintivas que se traducen *"cabeza"* pero no significan lo mismo.

Según el tipo de cabeza que el hombre sea, así va a hacer el tipo de hogar que va a tener. Vamos a comenzar con explicar la primera palabra griega que se traduce cabeza:

Arjos y arjé. Esta palabra equivale a la palabra hebrea: NAGUID, para determinar a un jefe o líder. Esta palabra la encontramos en Isaías 55: 4 *"He aquí que yo lo di por testigo a los pueblos, por jefe y por maestro a las naciones."* Un hombre que lleva a cabo su función como un NAGUID o un Arjé tiene las siguientes características: Es el que va de primero, es el cabecilla o el jefe. Quien tiene poder para gobernar y decidir. Tiene mando, dominio, autoridad. Significa "cabeza" en términos de liderazgo y punto de origen. Arjé era también usada para denotar "el primero" en términos de importancia y poder. Diferentes formas de arjé son usadas a través del Nuevo Testamento, incluyendo las escrituras de Pablo, para designar al líder de un grupo de gente. Pablo no escogió la palabra "arjé" cuando escribió que el esposo fuera la cabeza de su mujer. El estaba bien enterado del significado de esta palabra y deliberadamente escogió un término diferente. ¿por qué? porque el único líder por excelencia es Dios. Cristo es el Primero y es el líder y gobernador. El varón no es el jefe de su esposa, ni es un magistrado que rige sobre ella. Si el hombre toma el lugar que sólo está reservado para Cristo, el principio de la autoridad se distorsiona y se convierte entonces en un machista en su casa. Pablo nunca quiso decir que el esposo fuera el jefe. Arjé significa también, en el sentido general: "posición de poder".

¿Qué es ser cabeza?

Pablo no escogió la palabra griega ARJE. Por el contrario, Pablo escogió la palabra griega KEFALE. Esta palabra era usada para significar "primero" en términos de posición pero nunca fue usada para significar "cabecilla" o "jefe" o "gobernador". Kefalé es también un término militar. Significa "quien dirige" pero no como un "general" o "capitán" o alguno que da órdenes a la tropa desde un lugar seguro; por el contrario, un kefalé era quien iba delante de las tropas. El primero en *entrar a la batalla.* Desafortunadamente una persona de habla castellana que lee que el marido es la cabeza de su mujer, normalmente concluye que el marido debe gobernar sobre su esposa. Esto fue lo que Aristóteles enseñó. Que el marido era un "arjé" para su esposa, cabeza de la casa y gobernador sobre su familia.

Pablo sin embargo, escogió la otra palabra: kefalé, pero las personas que dependemos de la traducción castellana no sabemos esto, hasta que investigamos el texto en el original. Los setenta eruditos que escribieron el Septuagento (del hebreo al griego) no usaron la palabra griega que ellos quisieron. Fueron muy cuidadosos al notar cómo la palabra hebrea era usada. Cuando la palabra hebrea significaba "jefe", "líder", ellos traducían "arjé." Pablo estaba ciertamente familiarizado con ambas palabras. El conocía el lenguaje. Varón que nos lee hoy, contesta esta pregunta: ¿Qué tipo de cabeza eres tú? ¿has sido un Arjé o un Kefalé para tu esposa? Si hasta el día de hoy te has comportado como un líder machista, y como el jefe autoritario en tu casa, vas a obtener rebelión de parte de tu esposa y de tus hijos. Si has llevado en tu casa un patrón de comportamiento cultural agresivo, y machista, estás destruyendo a tu familia poco a poco. Hoy es el momento de que tomes la decisión, con la ayuda de Dios, de reconocer a Jesucristo como tu cabeza y como tu guía. Debes convertirte en un Kefalé.

Aquel que está dispuesto a entregar su vida por su familia, como Cristo se entregó a sí mismo por la iglesia. Pablo usó la palabra Kefalé también cuando dijo que Cristo es la cabeza de la iglesia.

Varones, honren y valoren a sus esposas. Trátenlas con cariño y con prudencia. Sujétense a sus autoridades y líderes espirituales. Sean ejemplo en obediencia y sujeción. Amen a sus esposas, como Cristo amó a la iglesia y se entregó a sí mismo por ella hasta la muerte en la cruz.

Y a toda esposa que nos lee, queremos decirle: respete a su marido. Quiere obtener su amor y comprensión. Admírele y respétele. Sujétese a él en todo, en el Señor. Sea ejemplo con su conducta y sus palabras, de manera que Jesús sea glorificado.

Componentes que llenan el tanque emocional del ser humano

1- El poder del toque

Mateo 19:5-6 / Efesios 5:31 *"Por esto el hombre dejará padre y madre, y se unirá a su mujer, y los dos serán una sola carne"? Así que no son ya más dos, sino una sola carne; por tanto, lo que Dios juntó no lo separe el hombre."*

El poder del toque involucra la demostración de afecto por medio del contacto físico. Dios nos creó para tener contacto el uno con el otro.

Hay quienes cuyo tanque del amor se llena en su mayoría con demostraciones físicas de afecto, promueven la intimidad conyugal y esperan que su cónyuge responda a tales demostraciones: abrazos, besos, caricias.

En algunas personas estas muestras de afecto generalmente se traducen en demostraciones sexuales y su necesidad de mantener relaciones íntimas periódicamente es obvia. Lo importante en este caso es saber que todo lo que hacemos debe estar basado en el principio del amor y del entendimiento. Es necesario aprender a utilizar las muestras de afecto físico, y no hacerlo esporádicamente.

El poder del toque es tan importante como cualquier otro. Para algunos es el más importante, o el más necesario y por esa razón demuestran su cariño por medio del contacto físico.

La llenura sexual: Muchas veces el afecto puede confundirse con el área sexual. El afecto y cariño no tienen que ver nada con sexo pero sin embargo pueden alimentarlo en nuestra relación de pareja.

Muchas veces el querer estar con nuestros esposos sexualmente es una manera de decir que necesitamos estar cerca de ellos e involucrarnos emocionalmente. De la misma manera cuando les rechazamos, estamos diciendo: "no quiero estar cerca de ti".

Cuando usted decidió unirse en matrimonio, hizo un pacto de por vida. Hizo un voto de tener a su esposo como único compañero sexual y emocional. Por eso, hay que procurar complacerse y llenar las necesidades en esta área mutuamente. Este es un privilegio único que ambos tienen, y una responsabilidad del uno para con el otro.

Si para Usted el área sexual ocupa un lugar muy importante en su lista, entonces deberá aprender a conocer cuales son las necesidades primordiales de su pareja y tratar de llenarlas. De lo contrario la respuesta sexual de parte de su cónyuge será mínima.

También trate de lograr un ambiente pacifico. Quite la presión del trabajo o del hogar de los hombros de su pareja, ayudándose el uno al otro. Encuentre a alguien que cuide los niños, que limpie la casa, etc.

Si por el contrario, usted no está lo suficientemente interesado en esta área, debe olvidarse un poco de lo que Usted QUIERE y comenzar a pensar un poco más en lo que su pareja NECESITA.

Algunos hombres y mujeres tienen una serie de explosiones de carácter debido a la falta de llenura sexual. Algunos pasan enojados, molestos o simplemente ansiosos. Otros se ponen tristes, deprimidos y frustrados. Si este es el caso de su cónyuge, tenga cuidado. Tarde o temprano obtendrán lo que quieren y algunos hasta se involucrarían en una aventura o relación extramarital, otros en pornografía o en estados de frustración constante. Esto puede ser una bomba de tiempo.

La persona que necesita llenura sexual en su matrimonio, debe ser más comprensivo y amoroso con las necesidades de su pareja e intentar llenarlas. Quien no está interesado, debe de tomar la decisión de disponerse a entregarse a su pareja.

Cuando una pareja tiene una relación íntima mala, no conviene alentar más sexo. Primero, arregle la relación, y en un noventa por ciento de los casos, los problemas sexuales desaparecen.

2- El poder del dar

"Dad y se os dará; medida buena, apretada, remecida y rebosando darán en vuestro regazo, porque con la misma medida con que medís, os volverán a medir." Lucas 6:38

Jesús dijo: *"Más bienaventurado es dar que recibir"»* Hechos 20:35

Estos pasajes, no están hablando específicamente del área financiera, aunque definitivamente puede aplicarse a la misma, ya que el dar también es un principio y una ley. La ley de la siembra y la cosecha y el principio del dar y recibir.

Específicamente el pasaje de Lucas se refiere a que cuando damos juicio, recibiremos juicio, y que cuando damos perdón recibiremos perdón. En otras palabras, cuando uno da: recibe. Por eso hay que tener mucho cuidado en lo que damos a nuestro cónyuge. Si continuamente damos critica, juicio, mal trato, eso recibiremos. Pero si damos cariño, comprensión, amor y gratitud, eso obtendremos de nuestra pareja.

Hay personas que necesitan tangiblemente "recibir" y de una u otra forma siempre están dando: regalos, aprecio, etc.

El ser humano tiende a dar de lo que le gusta recibir. En esto hay que ser cuidadosos, porque no necesariamente lo que a uno lo hace feliz, es lo que hace al otro feliz. Para algunas mujeres, los regalos y muestras de cariño tangibles son muy importantes para sentirse amadas y necesitadas. Si este es su caso o el de su esposa, preste atención a esos detalles que quizás para usted no sean tan importantes. Si su cónyuge demuestra su cariño generalmente con regalos o muestras tangibles, es porque definitivamente eso es lo que llena su tanque emocional, y tiende a llenar el de los demás de la misma manera.

Analice las acciones de su pareja. Si usted nota que la manera más común que su cónyuge usa para dejarle saber su preocupación por usted, es a través de regalos, entonces intente darle regalos también.

3– El poder del tiempo

Eclesiastés 3 es un capítulo dedicado al tiempo. Este pasaje en la Biblia nos habla de que hay un momento para cada cosa y que todo tiene su tiempo preciso.

El ser humano debe ser muy sabio en la manera como invierte su tiempo. El tiempo vale oro (dijo alguien) y sencillamente no hay nada que lo reemplace.

Muchos cónyuges necesitan atención no interrumpida. No es la cantidad de tiempo que se dedique a una persona lo que la hace feliz, sino la eficacia de tiempo que se le brinde.

Su pareja agradecerá un periodo de tiempo a solas, sin interrupciones, ni distracciones.

Antes de que llegue el esposo a la casa del trabajo, seria importante que la esposa diera de comer a sus hijos y les dedicara tiempo de calidad, para cuando llegue el esposo los hijos sepan que ya fueron atendidos. Haga sentir a su marido como lo más importante. Recuerde que en la lista de prioridades él está antes que los niños. El apartar tiempo todos los días para hablar sólo con su cónyuge, con atención e interés no dividido, es muy importante en el exitoso de una relación matrimonial.

Analice los actos de su pareja. Si el tiempo eficaz es un área muy importante en su vida, entonces haga cambios y proporcione tiempo verdadero. Muchísimas veces, todo lo que una mujer necesita para reaccionar sexualmente es tiempo de calidad de parte del esposo. Un marido inteligente comenzaría a hacer cambios hoy mismo!

4– El poder de las palabras

"La muerte y la vida están en poder de la lengua; el que la ama, comerá de sus frutos." Proverbios 18:21

¡Sean gratos los dichos de mi boca y la meditación de mi corazón delante de ti, Jehová, roca mía y redentor mío! Salmos 19:14

"Sea vuestra palabra siempre con gracia, sazonada con sal, para que sepáis cómo debéis responder a cada uno." Colosenses 4:6

Dios nos creo a todos de manera diferente. No todos necesitamos regalos para sentirnos amados, ni la proximidad sexual para sentirnos deseados. Muchos necesitamos de las palabras para poder sentirnos valorados.

Algunas personas tienen la necesidad real de "escuchar" que son amados y valorados. Aunque a otros les baste saberlo, ellos necesitan oírlo.

Muchos cónyuges pasan por alto la alabanza en su matrimonio. No saben como decir: "gracias" a su pareja por las cosas que hace. Si como cristianos no practicamos la alabanza en nuestros hogares, no podremos alabar a Dios. Si a la persona que vemos no le agradecemos ni damos gracias, como es posible que a Dios a quien no vemos podamos ser capaces de decirle palabras de agradecimiento y de alabanza. Lo que no hagamos en casa, no lo haremos en la iglesia. Lo que hagamos en casa se reforzara en la iglesia. La alabanza consiste en reconocer lo bueno en el otro. Es reconocer lo que la persona es capaz de hacer y que nadie es capaz de hacerlo igual. Alabar es demostrar por medio de palabras nuestra gratitud para con alguien.

Si practicamos la alabanza entre nosotros y los

miembros de nuestra familia, será mucho más fácil alabar y adorar a Dios.

Las palabras pueden levantar y edificar, o destruir y quebrantar. Analiza las palabras que utilizas para con tu cónyuge. ¿son palabras que levantan y alientan o son palabras que hieren y destruyen?

Existen personas, cuyo tanque emocional se llena con las palabras que reciben de los demás. Estas personas necesitan escuchar de los demás su aprobación y respaldo. No importa si reciben regalos, dinero, y cosas tangibles, si no reciben palabras de aliento se sienten infelices.

Practique decir "gracias" y "te amo". Esto puede cambiar su vida marital, y aunque quizás usted no necesite escucharlo, quizás su pareja si necesita oírlo de usted. La conversación no es una necesidad exclusiva. Nuestra necesidad para conversar varía y puede ser suplida casi que por cualquiera. Si esta es una necesidad básica en su vida, procure que sea su cónyuge quien la llene, de lo contrario usted podría enamorarse de otra persona del sexo opuesto que le escuche más y que saque más tiempo para usted en esta área. Si su compañero tiene la necesidad de conversar, usted debe ser el proveedor. Encuentre tiempo para llenar las necesidades de su pareja. Encuentre diferentes temas de conversación y aprenda a convertirse en un OYENTE. Probablemente eso es todo lo que su pareja necesita. Haga un alto ahora mismo, deje de leer y vaya a decirle a su pareja cuanto lo ama, y cuanto significa para usted todo lo que hace.

5- El poder del servicio

Mateo 20:26 dice: *"el que quiera hacerse grande entre vosotros será vuestro servidor, y el que quiera ser el primero entre vosotros será vuestro siervo;"*

La Biblia nos dice que amemos no solo de palabras sino de hecho y de verdad (1Juan 3:18) Servicio incluye hacer cosas por nuestra pareja. Por ejemplo: lavar el auto, sacar a pasear el perro, cambiar al bebe o hacer alguna tarea pendiente.

Jesús le preguntó a Pedro: *"Pedro, me amas? cuida de mi rebaño"* Cada vez que Pedro contestaba con palabras y demostraba su amor de manera "oral", Jesús le pedía que hiciera algo a cambio.

Llevando este caso al matrimonio, para muchos cónyuges, es muy importante que el amor sea demostrado en acciones. Si este es su caso, busque el área de necesidad básica de su pareja y llénela, de esa manera usted recibirá los actos de servicio que le hacen sentir feliz.

Muchos cónyuges no sienten el deseo sexual de estar con su pareja, no porque esa área se haya muerto sino que la tensión y la falta de descanso ha construido una pared y ha obstaculizado su desarrollo.

En muchos casos, basta que el cónyuge realice actos de asistencia que alivian las tareas en el hogar en su pareja y de esa manera notará un cambio positivo en sus reacciones. La manera cómo cada uno reacciona depende del estimulo que reciba.

Capítulo Ocho

La Menopausia

La Menopausia

¿Que es la menopausia?

Menopausia es el término médico que designa la fecha de la última menstruación en la vida de una mujer. La palabra se deriva del griego *menos*, que quiere decir sangre, y *pauster*, que significa cese. También del latín *mens* (mes) y *pausis*: pausa o cese. La menopausia es una parte natural del proceso de envejecimiento debido a una menor producción de estrógenos y progesterona, acompañada de la pérdida de la capacidad de reproducción.

Los cambios que conducen al cese de la función menstrual y al reajuste metabólico duran varios años. A este periodo se le denomina Climaterio. La edad promedio para que ocurra la menopausia son los 50 años, con límites que oscilan entre los 42 y 56 años.

Se considera que una mujer es menopáusica cuando no tiene la menstruación durante un año sin estar embarazada y sin una enfermedad que cause su ausencia.

La perimenopausia se refiere a los años previos al cese de la menstruación, cuando la mujer comienza a notar los primeros síntomas de la transición. Pero muchas personas usan la palabra menopausia, indistintamente, también para los años de perimenopausia y para los años que siguen a la menopausia.

Síntomas de la Menopausia:

La menopausia es un proceso normal que le ocurre a todas las mujeres al llegar a cierta edad. Sin embargo, algunas mujeres pasan unos años difíciles a causa de los cambios hormonales. Hay muchos síntomas y cada mujer los vive, o los sufre, de diferente forma. Muchas mujeres tienen pocos o ningún síntoma mientras que otras los tienen muy intensos y molestos. Los síntomas más evidentes del comienzo de la perimenopausia, son las alteraciones del ritmo del ciclo menstrual (menstruaciones muy próximas o separadas) o cambios en la cantidad de menstruación (mucha o poca). En la mayoría de los casos estos síntomas se atenúan con el paso del tiempo, aunque a veces persisten durante años. La experiencia de la menopausia es diferente para cada mujer y diferentes estudios han demostrado que las mujeres viven la menopausia según sus factores hereditarios, dieta, estilo de vida, medio social y actitudes culturales hacia las mujeres mayores.

> **Menopausia natural:** ocurre en forma natural después de los 40 años.
> **Menopausia precoz:** cuando ocurre antes de los 40 años.
> **Menopausia quirúrgica:** ocurre cuando se extirpan ambos ovarios durante una intervención quirúrgica.
> **Menopausia química,** cuando la mujer es sometida a algunas formas de quimioterapia o radioterapia donde cesa la función ovárica.

* aumento de peso;
* sofocos o bochornos de calor
* insomnio;
* sudor por las noches;
* sequedad vaginal;
* dolores articulares;
* fatiga;
* pequeñas pérdidas de memoria;
* molestias intestinales;
* sequedad en los ojos;
* picor en la piel;
* cambios de humor;
* facilidad para sufrir infecciones urinarias.

La menopausia

Cambios en los períodos. Uno de los primeros síntomas puede ser un cambio en los ciclos menstruales. Para muchas mujeres se hacen menos regulares, otras tienen un flujo más ligero de lo normal y otras pueden tener un flujo más fuerte de lo normal y pueden sangrar bastante durante muchos días. El tiempo entre una menstruación y otra puede ser menos de tres semanas y puede durar más de una semana. Pueden presentarse manchas entre menstruaciones. Las mujeres que han tenido problemas con menstruaciones fuertes y con cólicos encontrarán un alivio de esos síntomas cuando comience la menopausia. El sangrado posmenopáusico puede ser un signo de alarma importante , por eso es necesario que mantenga una revisión medica regular.

Disminución de la libido: Algunas mujeres presentan disminución del deseo sexual porque también cesa la producción de testosterona producida por el ovario. Esta hormona es la llamada "hormona de la sexualidad".

Bochornos. Se caracterizan por una repentina sensación de calor en la cara y el cuello aunque se puede extender a todo el cuerpo. Pueden aparecer manchones rojos en el pecho, espalda y brazos, posiblemente seguidos de sudor intenso y escalofríos. Los calores pueden ser tan suaves como un ligero enrojecimiento o tan severos como para despertarla de un profundo sueño. La mayoría de los calores duran entre 30 segundos a 5 minutos.

Resequedad vaginal. El área genital puede volverse más seca a medida que cambian los niveles de estrógeno.

Esta resequedad puede hacer que las relaciones sexuales sean dolorosas. Las paredes de la vagina se tornan más delgadas y pueden aparecer infecciones vaginales. Algunas mujeres pueden presentar ardor al orinar, sobre todo en la postmenopausia tardía.

Problemas de sueño. Algunas mujeres tienen dificultad para dormir bien, no se duermen con facilidad o se despiertan en la noche o muy temprano. Los calores pueden causar que algunas mujeres se despierten y tengan problemas para volver a dormir.

Cambios de humor. Existe una relación entre los cambios en los niveles de estrógeno y los cambios de humor en una mujer. Puede ocurrir irritabilidad, debido al estrés acompañado por cambios familiares o por cansancio. Algunas mujeres pueden presentar depresión, aunque no se considera que pueda ser inducido por la falta de hormonas, sino más bien por la sensación de pérdida de la juventud, cambios en su cuerpo, aparición de arrugas, miedo a perder a su marido porque ya no es joven etc.

Cambios en su cuerpo. Con la edad la cintura se ensancha, se pierde masa muscular, puede aumentar el tejido graso, la piel puede adelgazarse, se pierden las curvas femeninas y las mamas se caen y se ponen más flácidas. El metabolismo cambia y hay tendencia a aumentar de peso.

Son comunes los conflictos con los hijos porque es muy frecuente que la menopausia coincida con la adolescencia de los hijos, época donde existen cambios que pueden colisionar con los de la menopausia.

Enfermedades del corazón. Las mujeres jóvenes tienen menos riesgo de contraer enfermedades del corazón que los hombres de la misma edad. La actividad ovárica tiene un efecto protector sobre el corazón, pero después de la menopausia el riesgo de que una mujer adquiera enfermedades cardíacas es casi igual al de los hombres.

Otras mujeres pueden tener problemas con la memoria, o rigidez y dolor de articulaciones y de los músculos. El ejercicio previene la osteoporosis y bienestar cardiovascular.

Alternativas en lugar de las hormonas

- Aceite de onagra: parece que puede actuar sobre todos los síntomas.
- Infusiones de valeriana, tilo, camomila, ruda, lúpulo, romero.
- Disminuir los excitantes: café, té, alcohol, tabaco.
- Ejercicio, vida al aire libre.
- Dieta sana, equilibrada, pobre en grasas y en hidratos de carbono.

- las enfermedades del corazón son la mayor causa de muerte en las mujeres y mata más mujeres que el cáncer de pulmón o del mamas.

Pero sobre todo: una vida espiritual equilibrada, mucha oración y búsqueda de Dios. Las mujeres en la Biblia llegaban a edades avanzadas, y plenamente activas.

¿Cómo prepararse para la menopausia?

El climaterio, es una de las épocas más importante en la vida de la mujer. Para algunas es un reto a nivel físico y emocional, para otras es un momento de plenitud personal, y para otras una combinación de lo anterior. En este periodo la mujer requiere un esfuerzo adicional y apoyo de su entorno familiar, laboral y social.

Algunas actividades que le pueden ayudar durante este periodo son las siguientes:

• Leer libros, artículos y otros documentos relacionados con el tema.

• Hablar con amigas y familiares que han pasado por "el cambio".

• Usar una dieta apropiada y realizar ejercicio periódicamente.

• Controlar el estrés equilibrando el trabajo con la vida social.

• Hablar con su especialista sobre sus cuidados personales preventivos.

El climaterio comienza a los 40 años y dura por el resto de la vida de la mujer.

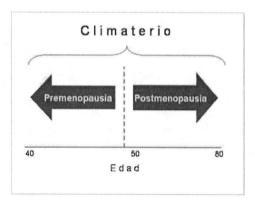

Capítulo Nueve

La Andropausia

La Andropausia

¿Que es la andropausia?

Es el equivalente a la menopausia en la mujer, que es la época de la vida del hombre donde las capacidades sexuales y reproductivas disminuyen a medida que progresa la edad, además de un deterioro de otras funciones orgánicas.

El término andropausia es controversial porque menopausia significa cesación de las reglas, pero en el hombre no existe ninguna cambio abrupto y lo han denominado "cesación parcial de andrógenos durante el envejecimiento masculino".

Al contrario de la menopausia, que se manifiesta con la desaparición de las menstruaciones, en el hombre no existe un momento definido para saber cuando está andropáusico. Así mismo, los cambios son más tardíos en el hombre. La libido y las fantasías sexuales disminuyen notablemente en la mujer con la menopausia, mientras que en el hombre se mantienen hasta edades mucho más avanzadas.

Estas diferencias en la sexualidad, explican muchos de los divorcios que ocurren en parejas que parecían felices y que tuvieron muchos años de vida marital. Por eso necesario estudiar sobre el tema para estar preparado.

A diferencia de la mujer que va disminuyendo progresivamente su capacidad de procrear, y se pierde por completo con la menopausia, el hombre se mantiene fértil por mayor tiempo. La disminución de la fertilidad comienza a aparecer después de los 50, pero no parece haber una edad definida. En algunos hombres esta función puede mantenerse hasta pasados largamente los 70-80 años.

Los cambios de la andropausia son más evidentes después de los 60 años y están relacionados a la disminución de la testosterona y de otras hormonas como la del crecimiento, producida por la hipófisis y la secreción de las glándulas suprarrenales (noradrenalina, adrenalina y corticoides).

Cambios más notables en la andropausia

• Declinación de la calidad del semen (motilidad, normalidad y cantidad de espermatozoides) y disminución progresiva en la capacidad de fecundar.
• Declinación de la erección
• Eyaculación cada vez es de menor volumen, menor proyección y contracciones orgásmicas cada vez menos intensas y frecuentes.
• Difícil lograr el orgasmo en todos los ciclos sexuales
• Genitales externos en reposo cada vez más pequeños.
• Ausencia de eyaculaciones nocturnas y erección matutina.
• Disminución de la masa muscular y de su fuerza muscular.
• Agrandamiento de las mamas (ginecomastia).

La andropausia

En el hombre comienza a darse una disminución de la tolerancia al estrés. Comienza a preocuparse con facilidad, y presenta alteraciones del sueño, disminuye su capacidad de trabajo y cada vez tiene menos ganas de desarrollar nuevos proyectos o participar de actividades nocturnas.

Nota importante: No existe un tratamiento definido de la andropausia. Aunque el problema fundamental está relacionado con la disminución de la testosterona, el tratamiento con andrógenos ha dados resultados contradictorios, además de la posibilidad de que el tratamiento prolongado pueda ocasionar problemas de próstata.

- El climaterio masculino hace referencia a la etapa de la vida después de los 45 años de edad en la que hay cambios físicos y psicológicos que se caracterizan por una deficiencia en la producción de testosterona.

El envejecimiento normal en el varón se acompaña de una declinación de la función de los testículos. Esto produce disminución de los niveles de la testosterona en la sangre.

La testosterona es el andrógeno más importante, ya que tiene muchas acciones fisiológicas que incluyen efectos en músculos, huesos, sistema nervioso central, próstata, médula ósea y función sexual.

El médico debe evaluar al paciente que presenta este tipo de molestias. Por lo general, el médico especialista en urología o endocrinología es el adecuado.

Síntomas de la andropausia:

Cambios en el estado de ánimo (irritabilidad, mal humor), sensación de cansancio continuo, pérdida de la energía, disminución del deseo sexual, disminución de la calidad de las erecciones. Disminución de la capacidad para concentrarse y de la memoria.

A largo plazo puede presentarse osteoporosis, disminución del volumen muscular y la fuerza muscular, depresión y mayor riesgo de problemas cardiacos, diabetes y obstrucción de las arterias.

Algunas personas piensan que la edad es un obstáculo o una limitación a nivel físico para disfrutar la intimidad, sin embargo, los años no deben ser un problema en lo absoluto.

una dieta balanceada, ejercicio y la preparación para funcionar como adulto mayor, ayudan a contrarrestar los síntomas.

Génesis 18: 11-12

"Abraham y Sara eran viejos, de edad avanzada, y a Sara ya le había cesado el período de las mujeres. Y se rió Sara para sus adentros, pensando: «¿Despúes que he envejecido tendré deleite, siendo también mi señor ya viejo?»

Capítulo Diez

Mitos acerca del sexo

LOS MITOS

"Un mito es una narración imaginaria que intenta dar una explicación no racional a la realidad. Es el conjunto de creencias e imágenes idealizadas que se forman alrededor de un personaje o fenómeno y que le convierten en modelo o prototipo". Diccionario de la lengua española © 2005 Espasa-Calpe S.A., Madrid.

A continuación nombraremos algunos de los mitos más comunes en nuestra sociedad con respecto al sexo, e involucra tanto a las parejas casadas como a los jóvenes.

MITO N* 1	LO QUE DICE LA BIBLIA
«Es imposible controlar el deseo sexual, por lo tanto, es inevitable que los jóvenes tengan relaciones sexuales antes de casarse. Entonces, lo mejor es ayudarles a tener cuidado».	«No os ha sobrevenido ninguna tentación que no sea común a los hombres; y fiel es Dios, que no permitirá que vosotros seáis tentados más allá de lo que podéis soportar, sino que con la tentación proveerá la vía de escape, a fin de que podáis resistirla». (1 Corintios 10:13 BLA) Este mito, que muchos evangélicos han aceptado como verdad, es negar la gracia y el poder de Dios en la vida del creyente para vivir una vida de pureza.

LOS MITOS

	LO QUE DICE LA BIBLIA
«Es imposible controlar el deseo sexual, por lo tanto, es inevitable que los jóvenes tengan relaciones sexuales antes de casarse. Entonces, lo mejor es ayudarles a tener cuidado».	«todo lo que el hombre sembrare, eso también segará» (Gálatas 6:7) «Honroso sea en todos el matrimonio, y el lecho sin mancilla; pero a los fornicarios y a los adúlteros los juzgará Dios» (Hebreos 13:4) El sexo fuera de los votos matrimoniales crea problemas sexuales dentro de un futuro matrimonio. Fomenta falta de confianza en la pareja (2 Samuel 13). Produce temor al embarazo. Distorsiona el concepto de que el sexo fue diseñado por Dios. Acarrea riesgo a las enfermedades de transmisión sexual. La mejor manera de imposibilitar la intimidad emocional de una pareja es comenzar con la intimidad física antes del matrimonio. *Varios son los que afirman, y hay evidencia para sostenerlo, que antes de que una persona experimente el acto sexual, sólo tiene curiosidad y deseos sexuales, pero una vez experimentado, comienza a tener "pasión sexual".*

LOS MITOS

MITO N* 2	LO QUE DICE LA BIBLIA
«La homosexualidad es aceptable siempre y cuando sea natural para la persona (es decir, que nació así). No existe esperanza alguna de que el homosexual cambie».	«...y esto eráis algunos... pero ya habéis sido lavados» ¿No sabéis que los injustos no heredarán el reino de Dios? No os engañéis: ni los fornicarios, ni los idólatras, ni los adúlteros, ni los **afeminados**, ni los **homosexuales**... entraran al reino de los Cielos". (1 Corintios 6:9)

La respuesta de Pablo fue obvia. Jugar al macho penetrante (arsenokoites) o al macho penetrado (malakos) en un acto homosexual es contrario a la naturaleza, y diseño del hombre en (Gen 1:27), Por eso Pablo también dice en Romanos 1:26-27, "las mujeres cambiaron relaciones naturales por lo poco natural, y los hombres igualmente dejaron las relaciones naturales con mujeres y fueron consumidos con la pasión unos con otros, hombres que cometen actos desvergonzados con hombres."

Malakos	arsenokoitēs
Afeminados "Se refiere al hombre *penetrado* durante una relación homosexual	Hombres que se acuestan con hombres "Se refiere a los hombres que penetran sexualmente a otros hombres"

Henry George Liddell. Robert Scott. A Greek-English Lexicon. 1940

LOS MITOS

MITO N* 3	LO QUE DICE LA BIBLIA
«La juventud moderna es más madura y está más preparada para el matrimonio en cuanto a los temas sexuales porque sabe de todo y porque muchos han experimentado el contacto sexual»	2 Corintios dice: "las malas compañías (conversaciones) corrompen las buenas costumbres" La mayoría de los muchachos aprenden sobre los temas sexuales a través de conversaciones con los amigos, chistes subidos de tono, libros pornográficos o semi-pornográficos; en fin, de un ambiente totalmente fuera del contexto bíblico. La juventud, por lo tanto, sí sabe mucho del sexo--la mecánica--pero muy poco sobre la intimidad y como está relacionada con el amor. El reto es aún más grande: enseñar a toda una generación cómo el contacto físico encaja con el amor pero solamente dentro del matrimonio.

Mitos acerca del sexo

LOS MITOS

MITO N* 4	LO QUE DICE LA BIBLIA
«No voy a tener el acto sexual (por temor al embarazo o a una enfermedad venérea) pero está bien hacer todo menos el acto en sí»	"Pero si no tienen don de continencia, cásense, pues mejor es casarse que estarse quemando." 1 Corintios 7:9 El propósito de las caricias es prepararse para las relaciones sexuales tanto emocional como fisiológicamente (por eso se llama el juego previo). Si durante el noviazgo se preparan para algo que no deben hacer hasta la noche de bodas, el resultado lógico es la frustración sexual--a veces en los hombres hasta dolores intensos en los testículos. Pablo declara: «Bueno sería al hombre no tocar mujer» (1 Corintios 7:1). La palabra «tocar» significa «encender o hacer que una cosa se inflame o arda».

MITOS Y FALASIAS
CON RESPECTRO A LA MUJER

- Existen dos tipos de orgasmos diferentes en la mujer, uno vaginal y otro clitoral.
- La vida sexual de la mujer termina con la menopausia.
- La satisfacción sexual de la mujer depende del tamaño del pene.
- Cualquier mujer que lleve la iniciativa en las relaciones sexuales es una inmoral.
- La ausencia del himen prueba que una mujer no es virgen.
- La mujer llega al orgasmo sólo por medio de la penetración del pene.
- La extirpación del útero y los ovarios hace que la mujer pierda la apetencia sexual y deja de sentir o gozar sexualmente.
- Toda mujer llega al orgasmo, pero algunas no lo sienten.
- Un pene pequeño no puede proporcionar placer a la mujer.
- Hay vaginas demasiado anchas para algunos penes.
- La primera vez que se realiza el coito se siente dolor y se sangra.
- Por naturaleza las mujeres tienen menos deseo que los hombres.
- "Soy frígida porque no siento nada".
- "No hay mujer frígida sino hombre inexperto".
- Una mujer adulta y madura debe tener siempre un orgasmo durante la penetración.
- La mujer tarda más en alcanzar el orgasmo que el hombre.

MITOS Y FALASIAS
CON RESPECTRO AL HOMBRE

• Cuanto mayor sea el tamaño del miembro sexual masculino mayor placer para la mujer.

• Un hombre con un pene muy grande tiene mayor potencia sexual que otro que tiene un pene más pequeño.

• La satisfacción sexual de la mujer depende del tamaño del pene.

• Un pene pequeño no puede proporcionar placer a la mujer.

• El hombre que funciona bien sexualmente tiene erección siempre que ve a una mujer.

• La práctica sexual solo se basa en una buena erección.

• Un hombre debe tener una erección total para tener orgasmo y eyacular.

• Cuando un hombre pierde su erección es que no encuentra a su pareja sexualmente atractiva.

• Un hombre siempre sabe sobre sexualidad y sobre cómo llevar las relaciones sexuales.

• Un verdadero hombre no llora ni expresa sus sentimientos.

• Cuando el hombre eyacula termina la relación sexual.

• "No hay mujer frígida sino hombre inexperto".

• La Eyaculación Precoz la padecen sólo los hombres jóvenes.

• La Eyaculación Precoz desaparece con el tiempo.

• Impotencia significa pérdida de virilidad.

Todos estos mitos y falacias hacen que tanto la mujer como el hombre se desarrollen inadecuadamente en el área del sexo. La falta de conocimiento produce frustración y comportamientos erróneos en la pareja. Procure discutir estos puntos con su pareja e investigar más con respecto al tema de manera seria y consciente.

COMO SER UN
CONYUGE AMANTE EXITOSO

Todo cristiano necesitas tres cosas para ser un buen cónyuge y amante exitoso:

1.   **Información:** ¿Cómo se llena el tanque del amor de su pareja? ¿Está usted informado con respecto a estos temas?

2.   **Voluntad:** Amar es una decisión.

3.   **Frecuencia:** Utilice el combustible adecuado que necesita el motor de su cónyuge para tener un tanque emocional saludable. Demuéstrele su afecto constantemente.

La virtud de dar cumplimiento a las necesidades del otro radica en nosotros mismos. La palabra no dice que debemos demandar sexo de nuestra pareja, sino más bien darlo como un regalo. En 1 Corintios 7:6-7 la palabra nos dice que es un regalo de Dios el estar casado, así como el estar soltero. El matrimonio no es para todos. Nadie debe casarse sólo por casarse, porque es un don de Dios.

En I Corintios 7:8 se amonesta a los que están solteros o viudos a permanecer solteros, pero si su autocontrol no es fuerte y su dominio propio no está desarrollado, lo mejor es casarse, para evitar las tentaciones sexuales, pues es mejor estar casado que caer en pecados de concupiscencia. El amor a Dios, el auto control y el respeto mutuo conforman la esencia de la felicidad matrimonial.

Tests
para realizar
en pareja

INSTRUCCIONES

1. Realice la siguiente prueba de manera honesta y clara.
2. Puede sacar copia a la hoja del test para que su cónyuge también lo haga.
3. No conteste apresuradamente
4. No base su respuesta en las ultimas discusiones sino viendo las circunstancias como un todo.
5. No se desanime si sus resultados son bajos. Comience a hacer algo al respecto para cambiar la situación.

¿Cómo percibe su matrimonio?

PARTE A	PREGUNTAS	SI / NO
1- Soy de verdad cariñoso con mi cónyuge		
2- Puedo hablar fácilmente de los tiempos buenos que hemos tenido en nuestro matrimonio.		
3- Puedo recordar fácilmente momentos románticos en nuestro matrimonio.		
4– Siento atracción física por mi esposo		
5- Mi cónyuge tiene calidades específicas que me hacen sentir orgulloso.		
6- Siento un genuino sentir de "nosotros" en comparación con un "yo" en nuestro matrimonio.		
7- Tenemos las mismas creencias generales y valores.		
8- Mi cónyuge es mi mejor amigo.		
9- Obtengo gran cantidad de apoyo en mi matrimonio.		
10- Mi hogar es un lugar de apoyo y no stress.		
11- Puedo recordar fácilmente cuando nos conocimos, la propuesta del casamiento, y nuestra boda		
12- Dividimos las tareas de la casa en una manera justa.		
13- Planeamos cosas en equipo y tenemos un sentido de vida juntos.		
14– Recibo suficientes palabras de apoyo de mi cónyuge		
15- Hay cosas que no me agradan de mi cónyuge, pero puedo vivir con ellas.		
16– Cuando hay peleas sabemos eliminar los insultos		

¿Cómo percibe su matrimonio?

PARTE B	PREGUNTAS	SI / NO
1- me siento confundido acerca de nuestro matrimonio.		
2– Puedo pensar en gran cantidad de cosas sarcásticas a decir con respecto a la institución del matrimonio.		
3- Tengo mucha crítica de mi cónyuge		
4– Nuestras vidas están muy separadas		
5- Nuestras creencias y valores son muy diferentes		
6- No pienso en este matrimonio como un "nosotros."		
7- No tengo realmente confianza en mi compañero		
8- El stress de mi vida se añade apenas llego a casa		
9- Tengo sólo memorias vagas de nuestra primera reunión, de la propuesta del matrimonio, y de nuestra boda.		
10- Parece que los problemas tienen rodeado nuestro matrimonio .		
11– Parece que no hacemos ni planeamos cosas juntos		
12- Me siento desilusionado y decepcionado en mi matrimonio		
13- El matrimonio no es lo que yo lo pensé que sería		
14– No recibo palabras de apoyo de mi cónyuge		
15- Los defectos de mi compañero son básicamente inaceptables para mí.		
16– Parece como si peleamos por cosas irrelevantes		

1. TOTALICE EL NUMERO DE RESPUESTAS POSITIVAS, VERIFICADAS "SI" EN LA PARTE A:_____
2. TOTALICE EL NUMERO DE RESPUESTAS POSITIVAS, VERIFICADAS "SI" EN LA PARTE B:_____
3. AHORA RESTE EL TOTAL B DE LA PARTE A

Si usted obtiene un total de 6 o más, el panorama general de su matrimonio es bastante positivo. Continúe trabajando en pro de una mejor comunicación y mayores metas que sostengan su vida marital en el futuro.

Si su resultado fue menor de 6 esto refleja una clara disminución en la admiración y solidaridad para con su cónyuge. Esto puede convertirse en frustración que llevaría claramente a niveles de peligro en su matrimonio.

Recuerde que su cónyuge NO es el enemigo. No se concentre en luchar en contra de su matrimonio, sino busque la raíz del problema y enfóquese en eliminarla.

Entendiendo por qué ha habido distanciamiento entre usted y su cónyuge, le puede ayudar a comenzar a recuperar la bondad que existe bajo todas las capas de las heridas, equivocaciones, y de la soledad.

Es necesario aprender a decir las cosas y exponerlas a su cónyuge pero sin lastimarle. Hay que aprender a hablar sin señalar y sin juzgar.

BIBLIOGRAFIA

The American Medical Association (AMA). *AMA Essential Guide to Menopause.* Pocket Books; 2000.

Benner, Jeff A. *Lenguaje de Hebreo Bíblico Antiguo de la Biblia*

Britannica Encyclopedia, INC 1997

Carly Wickell, **Regalos de Aniversario Tradicionales**

De Urbina, José M Pabón S. *Diccionario Griego clásico* – español 19va Edicion, 2006

Greenwood S. *Menopause Naturally: Preparing for the Second Half of Life.* Volcano Press; 1996.

Jose Pabon de Urbina, **Greek-Hebrew-Spanish–English Manual Dictionary** VOX 1991

La Cueva, Francisco. *Nuevo Testamento Interlineal Español-griego* Editorial CLIE, 1984

Landau C, Cyr M, Moulton A. *The Complete Book of Menopause: Every Woman's Guide to Good Health.* Perigee; 1995.

Liddell, Henry George. Robert Scott. A *Greek-English Lexicon.* revised and augmented throughout by. Sir Henry Stuart Jones. with the assistance of. Roderick McKenzie. Oxford. Clarendon Press. 1940.

McBurney, M.D. Melissa and Louis, *Real Sex Columnists for Marriage Partnership*

Pabón de Urbina, José *Greek-Hebrew-Spanish-English Manual Dictionary* VOX 1991

Strong, James, Strong's Dictionary *Complete Dictionary- Strong Bible Words* LL.D SS.T.D 1996

The Marriage Bed, Inc. Bienvenidos al lecho Matrimonial 1997'2008

United Biblical Society (Spanish version) *Biblia Reina-Valera* revisión 1995 Study edition.

Para mayor información con respecto al ministerio
Libres en Cristo Internacional
(Free in Christ Ministries International)
por favor póngase en contacto con :
Jorge y Lorena Gamboa
"de pareja a pareja"
www.jorgeylorena.com

Para invitaciones a actividades de matrimonios y de
familia por favor comuníquese al:
713-469-5920
O escribanos a: ficmi@yahoo.com

**Para formar parte de la Red Matrimonial gratuita
"de pareja a pareja"
www.deparejaapareja.com**

Otros libros disponibles

"EL Arte de Criar a los Hijos".
ISBN: 978-0-9824981-3-2
Sabia usted que según la Biblia hay una
técnica especifica para criar hijos obedientes? Sabía que en el original hebreo y griego se nos dice hasta las edades y como tratar con cada una? y que de la vara? sabia que era solo para un tipo de hijo?

Cómo lograr la obediencia en los hijos? Mi hijo es hiperactivo... mi hijo no obedece...que hacer?

Realmente dijo Pablo que las mujeres no predicaran ni hablaran en la congregación? A quienes les estaba hablando? Por qué Pablo utilizo la prohibición: Yo no permito a la mujer enseñar al hombre? Que significa "usurpar autoridad" en el griego koiné antiguo? Puede la mujer enseñar? Y que del uso del velo? Y por otro lado, quien es la cabeza? Y que es ser cabeza? Puede la mujer ser cabeza? Todas estas preguntas fueron cubiertas de una manera seria y apegada a la palabra de Dios
ISBN: 978-0-9824981-4-9

Otros libros disponibles

Esta historia es verdadera y es una historia de amor y de lucha. De perdón y de nuevos comienzos.

Cuando uno le da la oportunidad a Dios de tocar nuestras vidas con Su amor y el Poder de Su Presencia, todo cambia alrededor. Si alguna vez te has sentido deprimido, abandonado, herido y maltratado, esta historia puede ayudarte a conocer a Aquel que quiere cambiar tu vida por completo...

© 2009 "Por el poder de Su presencia" ISBN # 978-0-9824981-0-1

© 2009 "Como ser un José de este siglo" ISBN # 978-09824981-2-5

Este libro consta de 10 capítulos ricamente desglosados y fundamentados con mas de 15 fuentes seculares y papiros egipcios que reafirman la existencia de José, el hijo de Jacob. Es un análisis exhaustivo de la historia de José con aplicaciones actuales útiles para la familia y la crianza de los hijos.

Un libro que no puede faltar en tu biblioteca personal.

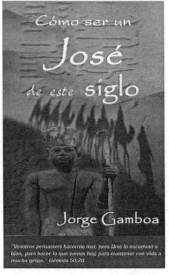

"Vosotros pensasteis hacerme mal, pero Dios lo encaminó a bien, para hacer lo que vemos hoy, para mantener con vida a mucha gente." Génesis 50:20

Más libros disponibles

Siempre habrá tormentas, y tornados en nuestra vida. Por eso hay que hacer un plan de emergencia para poder sobrevivir a esos eventos dramáticos. La tormenta no es lo importante, sino nuestra reacción en medio de la prueba. La tormenta no es lo que generalmente nos destruye sino lo que viene después. ¿Cómo te preparas para esas situaciones de desastre en tu vida? Hemos plasmado 21 años de vida matrimonial en este libro y definitivamente VALE LA PENA continuar hacia la meta que una vez nos trazamos como matrimonio. Te animamos a hacer lo mismo.

ISBN13: 978-0-9824981-1-8

El Matrimonio según Dios es un libro basado en principios bíblicos que tienen como meta el desarrollar familias y matrimonios sanos, que lleven mucho fruto y generen relaciones interpersonales saludables.
Existen varios aspectos importantes que estudiaremos a lo largo de este escrito, que conllevan a la obtención de beneficios bíblicos para la Familia cristiana. Temas como el divorcio y re-casamiento, matrimonio para toda la vida, ciclos-etapas y estaciones matrimoniales, las crisis, etc.

ISBN: 978-0-9824981-5-6